José Revueltas
Obras Completas

16

José Revueltas

México: una democracia bárbara

(y escritos acerca de Lombardo Toledano)

Recopilación y notas de
Andrea Revueltas
y Philippe Cheron

Ediciones Era

Edición original: 1958 [Ediciones Anteo]
Obras Completas de José Revueltas
Primera edición (ampliada): 1983
Primera reimpresión: 1988
ISBN: 968-411-016-2
ISBN: 968-411-099-5

Avena 102, 09810 México, D. F.
Impreso y hecho en México
Printed and Made in Mexico

ÍNDICE

NOTA SOBRE LA RECOPILACIÓN

En 1958, José Revueltas publicó su ensayo *México: una democracia bárbara*, en el que analizaba el papel jugado por todos los partidos que participaran en las elecciones presidenciales de aquel entonces: el PRI, el PAN, el PP (cuyo jefe era Lombardo Toledano) y los dos partidos de la izquierda: el PCM y el POCM (Partido Obrero-Campesino Mexicano). A este trabajo añadió otro, escrito algunos años antes: "Posibilidades y limitaciones del mexicano". Este último es un estudio sobre la historia de México; por esta razón, en el marco de la edición de las Obras Completas del autor, nos hemos permitido armar de otra manera este libro, impreso por primera vez hace veinticinco años: conservando el título general y el ensayo propiamente dicho (que aquí aparece en la primera parte), así como la "advertencia" de 1958 y el "prólogo a la segunda edición" de 1975, eliminamos "Posibilidades. . .", pues éste se ubica mejor en otro volumen que reagrupa varios ensayos sobre México (Obras Completas, 19). En su lugar, añadimos al ensayo central del presente libro otros escritos, casi todos inéditos: como anexos a la primera parte se publican dos textos breves, contemporáneos de "México: una democracia bárbara", que tratan de la cuestión electoral, en una segunda parte se reúnen varios ensayos, redactados entre 1942 y 1968, que giran directa o indirectamente alrededor del problema del "browderismo" y de Vicente Lombardo Toledano, o sea de lo que Revueltas calificará más adelante de neomarxismo reformista y oportunista al que opondrá una posición revolucionaria y antidogmática que sostendrá hasta sus últimos días.

Así pues, la cohesión entre las dos partes que forman este libro, lo da precisamente el propio Lombardo Toledano, personalidad de la que Revueltas estuvo bastante cerca durante algún tiempo, considerándolo como el "jefe marxista mexicano" en los años cuarenta, y a quien llegó a criticar duramente después (a partir de finales de los años cincuenta) cuando intentó explicar los mecanismos que contribuyen a "la enajenación de la sociedad contemporánea". (Algunos de los ensayos de la segunda parte se ocupan en gran medida de asuntos históricos, por lo que hubieran podido incluirse en el volumen destinado a este tema. Empero, estos análisis históricos constituían la justificación teórica de Revueltas para su participación en la formación de un nuevo partido con Lombardo: el Partido Popular; éste es el motivo por el que se decidió publicarlos aquí. Además, entre las numerosas supercherías que Revueltas detectará más tarde en Lombardo, muchas tienen como centro la historia de México —véase la "Respuesta a Lombardo Toledano", por ejemplo.)

Cabe señalar que no se publica aquí la totalidad de lo escrito por Revueltas sobre Lombardo Toledano; existen otros textos —que por su tema dominante se ubican mejor en otros volúmenes— donde el autor alude a esa cuestión: se encuentran principalmente en algunos de los escritos políticos redactados durante la lucha interna de 1957-60 en el seno del PCM y luego en la Liga Leninista Espartaco, textos recogidos en los tomos 12, 13 y 14 de las Obras Completas; asimismo varias páginas del *Ensayo sobre un proletariado sin cabeza* (Obras Completas, 17) se refieren críticamente a la posición y actuación del fundador del Partido Popular.

Un apéndice de "Notas", al final de este libro, proporciona informaciones de diversa índole.

A.R. y Ph.Ch.

PRIMERA PARTE

MÉXICO: UNA DEMOCRACIA BÁRBARA

PRÓLOGO A LA SEGUNDA EDICIÓN

El nombre de este opúsculo (editado por primera vez muy limitadamente en 1958) se inspira en el nombre que puso a su trabajo John K. Turner, periodista norteamericano que escribiera la más descarnada denuncia de la situación social del país bajo el porfirismo en su *México bárbaro*, libro que apareció en 1911. Por imperdonable descuido omití esta referencia en la primera edición de mi texto. Pero la intención del título era expresa.

La barbarie económica, social y política de la dictadura porfiriana encontró su negación dialéctica en el movimiento armado de 1910 y éste, por su parte, advino a su propia negación en una cosa nueva que superaba a las dos formas precedentes: la *democracia* que se inicia con el Congreso Constituyente de 1917.

Esta negación de la negación no podía limitarse a ser una mera negación política (*democracia* contra *dictadura*) en virtud de la naturaleza misma de lo que negaba: el México *bárbaro*. Éste era un compuesto no sólo político, sino económico, social e histórico. Había que suprimirlo, pues, en todos los terrenos, y así entonces la doble negación de dictadura y lucha armada aparecería necesariamente como una moderna democracia económica y social que se expresaba en la Constitución de 1917.

Ahora bien, este mismo propósito de no limitarse la democracia al campo estricto de la mera política (puesto que se ha inscrito constitucionalmente también como democracia económica y social) contiene dentro de sí, en forma inherente, a su propio contrario, o sea, la limitación *real* del hecho político que le exigía necesariamente concentrarse y reconcentrarse en el ejercicio del poder, sin cuyos instrumentos, de otro modo, no iban a ser posibles las reformas sociales y económicas. Dentro de esta contradicción, las reformas sociales, entonces, permanecen a la expectativa en la esfera de la disponibilidad fáctica (lo que se puede y no se puede hacer) mediatizadas por las necesidades pragmáticas del poder y convertidas en *ideología*, esto es, en una mistificación de lo real y en una falsa conciencia. (Por ejemplo, ideología de los "factores de la producción" en lugar de la lucha de clases; ideología del Estado-nación, por encima de la sociedad; ideología de la nacionalización y, concomitantemente, la "alianza popular" como superación de las contradicciones internas del país, etcétera.)

Al mistificar su ejercicio del poder (que de tal suerte sería un poder social y económico "para las reformas") y el contenido del Estado (que no sería un Estado-burgués), la democracia de 1917, en su *negación relativa* del porfirismo, conserva, no obstante, la *relación positiva* con la que el propio porfirismo mantuvo su sistema de dominación: la dictadura. Así, no opone al México *bárbaro* de Porfirio Díaz, la democracia *real, racional* e *histórica*, sino la *democracia bárbara* que impera en nuestro país desde que fue promulgada la Constitución de Querétaro.

La expresión ideológica más inmediata del movimiento, primero civil y luego armado, contra Porfirio Díaz, se condensó en la fórmula de sufragio efectivo, no reelección. La inmediatez de esta fórmula no obedecía sino a la inmediatez de aquello que trataba de suprimir: las continuas reelecciones del dictador y la inexistencia práctica del sufragio. Era natural entonces que en el carácter inmediato del cambio que sustituiría a Díaz, la elección de Madero a la presidencia fuese, como lo fue, un acto cívico irreprochable. La fórmula iba a sobrevivirse hasta el presente —fuera del interregno de la reelección de Obregón—, puesto que había sido comprobada en la práctica real como una fórmula necesaria y que, por ende, se transformaría en un *principio* intangible de la revolución mexicana. En esta conversión, empero, radicaba su irrealidad: convertido en norma doctrinaria, el sufragio efectivo y la no reelección, devino en un fetiche puramente ideológico, inoperante en la práctica y al que, sin dejar de rendirle homenaje y reverencia, había que burlar de algún modo. Si queremos encontrar la explicación de la necesidad *histórica* del *tapadismo* es sin duda en este punto donde la descubriremos (el tapadismo: una variante de la no reelección, pero diferida cada vez a otra persona de entre las seleccionadas para reelegir a la élite del poder, siempre igual a sí misma).

Necesidad histórica del tapadismo, sí, porque si dejara de satisfacerse como tal necesidad, el ejercicio *real* del mando escaparía de las manos de quienes lo detentan.

Hay una anécdota que se cuenta de Porfirio Díaz y que resulta aleccionadora sobre el particular. Requerido acerca del por qué no se implantaba la democracia electoral en México, el dictador habría contestado cazurramente: "si nada más como experiencia ofrecemos la libertad del voto a los ciudadanos del distrito M. (parece que se refería a la colonia de Santa María la Ribera, muy conservadora por entonces), podríamos estar seguros que el representante electo no sería otro que el señor arzobispo de México".

Ahora ya no funciona el cuento de que si los ciudadanos ejercieran el pleno ejercicio de sus derechos democráticos, colocarían en la Presidencia de la República al arzobispo o al papa. Pero lo que sí funciona y sigue siendo válido, es el hecho de que la camarilla del poder en el México actual, no sobreviviría ante el empuje crítico de una democracia auténtica con todo lo que esto comporta: libertad de expresión, de libre asociación, de libre sufragio y demás.

Si queremos poner al descubierto la *esencia* del fenómeno socioeconómico y político mexicano, tal como éste se presenta ante nuestro examen, es preciso subrayar con todo el énfasis necesario, el papel que desempeña la ideología dentro del complejo del poder, pues es precisamente en las "regiones nebulosas" de lo ideológico y de las ideologías, donde se agazapa y disimula la *manipulación real* que constituye una de las bases primordiales en que se sustenta el sistema de dominio al cual se encuentra enajenada la sociedad mexicana en su conjunto.

Si bien la ideología, y las ideologías, constituyen una falsa conciencia de lo real —una conciencia aliterada, sobrepuesta y desprendida de la realidad—, hemos de convenir, asimismo, en que toda ideología contiene un *núcleo* racional, cuyo acto de origen se encuentra en la realidad objetiva misma, pues no puede concebirse ninguna ideología carente en absoluto de todo contenido. Tómese, por ejemplo, la ideología religiosa. La religión ofrece a los simples mortales un cielo de inmortalidad, donde han desaparecido todas las contradicciones humanas y las desigualdades sociales, a cambio de una perenne vida de felicidad y bienandanza. Por supuesto que este cielo es irreal e inexistente. Pero aquello que lo convierte en real y existente es el hecho de que constituye una necesidad *histórica* de los hombres, quienes quieren ver que ese cielo se realice en la tierra donde algún día desaparecerán las contradicciones de clase y la esclavitud de la propiedad privada. El núcleo racional de la ideología religiosa reside, pues, en esta ambición humana perfectamente real. Pero aquí se ocurre una pregunta: ¿esta *ambición humana* no constituye, a su vez, otra ideología? Desde luego que sí. La diferencia consiste en que la nueva ideología dispone de un núcleo racional más amplio, por cuanto no es *metafísica* sino *histórica* y susceptible, por ello, de convertirse en una realidad objetiva-sensible.

Ahora bien: una ideología que carezca de fuerzas —sea el instinto o la conciencia de las masas, o sea un poder específico concreto— se reducirá a no ser sino un "profeta desarmado", cuya viabilidad para la acción no podrá considerarse de otro modo que en potencia.

La ideología, bien en su fase ascendente —cuando se encuentra en lucha contra una praxis inerte a la que intenta sustituir por una nueva praxis revolucionaria—, o bien como ideología establecida que se apoya en el poder del Estado, se convierte en una poderosa fuerza material muy difícil de ser suprimida al no oponérsele otra fuerza material considerablemente superior, pues la lucha no se plantea como si se tratara tan sólo de dirimir la cuestión entre dos o más ideologías opuestas, dentro de un ámbito ideológico puro, sino entre clases sociales —de las que las ideologías no son sino un reflejo— que pugnan cada una por imponer a las demás su derecho a la existencia.

La ideología del movimiento revolucionario de 1910, como ya se ha visto, nace de una necesidad racional dada: la de oponer a la supresión del sufragio y a la continua reelección del porfirismo, una simple alternativa política, la del sufragio efectivo y la no reelección. Pero la irracionalidad de la dictadura porfiriana no se reducía únicamente al área de los procedimientos políticos y los recursos despóticos de la dominación. Invadía el cuerpo entero de la sociedad mexicana en el orden económico y en el de las relaciones sociales, como una aplastante maquinaria que amenazaba con ahogar a todo el país. Así, al oponer a la *irracionalidad total* del porfirismo, la *racionalidad parcial* del sufragio efectivo y la no reelección, el movimiento de Madero no hizo ninguna otra cosa que postergar los grandes problemas y las gigantescas tareas que planteaba la necesidad histórica de una completa subversión de la anquilosada y caduca sociedad.

Escindida de su primigenio núcleo racional, emancipada de la racionalidad inmediata de su acto de origen, la ideología deviene en una pura *manipulación ideológica* que, no obstante, necesita en todo caso de una cierta dosis de semirracionalidad operativa, que aparece entonces bajo el aspecto de la *lógica de las cosas*. Pospuestos por el maderismo los grandes problemas de una transformación radical de la sociedad por obra de la revolución mexicana, dichos problemas son retomados por el Congreso de Querétaro y adquieren su forma jurídica en la Constitución de 1917, particularmente en lo que hace a los artículos 27 y 123. Aquí parecería que se han hecho realidad las palabras que pronunciara Venustiano Carranza en su célebre discurso de Hermosillo del año 1913. Dijo Carranza:

> [. . .] pero sepa el pueblo de México que, terminada la lucha armada a que convocara el Plan de Guadalupe, tendrá que principiar, formidable y majestuosa, la lucha social, la lucha de clases, queramos o no queramos nosotros mismos y opónganse las fuerzas que se opongan, las nuevas ideas tendrán que imponerse en nuestras masas; y no sólo es repartir las tierras y las riquezas naturales, no es el sufragio efectivo, no es abrir más escuelas, no es igualar y repartir las riquezas nacionales; es algo más grande y más sagrado: es establecer la justicia, es buscar la igualdad, es la desaparición de los poderosos, para establecer el equilibrio de la economía nacional.
>
> Y más adelante:
>
> Nos faltan leyes que favorezcan al campesino y al obrero pero éstas serán promulgadas por ellos mismos, puesto que ellos serán los que triunfen en esta lucha reivindicadora y social.

Como puede verse ya no se trata tan sólo del sufragio efectivo, ni del reparto de tierras ni de la mejor distribución de la riqueza; ahora "es algo más grande y más sagrado": participar en "la lucha social, la lucha de clases, queramos o no queramos nosotros mismos", aunque —también lo queramos o no— esta perspectiva no será posible sino hasta después de "terminada la lucha armada" a que convocó el Plan de Guadalupe. Aquí se impone una pregunta: ¿acaso esta actitud de Carranza era una superación de las estrechas limitaciones puramente sufragistas de Madero, tres años antes? No, de ningún modo. Madero permanecerá donde quedó, hasta que no se dé por "terminada la lucha armada". La razón es que Carranza no era ni un Morelos ni un Juárez, quienes dictaban las reformas sociales y políticas en mitad del fragor de la guerra, pues de lo contrario ésta hubiera dejado de ser una guerra revolucionaria para quedar convertida en una simple confrontación de ejércitos rivales en el puro terreno militar. La ideología carrancista consistente en posponer cualquier clase de transformación social hasta después de terminada la lucha militar, se transforma ella misma, forzada por la "lógica de las cosas" —aunque no por la dialéctica real de la historia— en una abierta manipulación ideológica, cuando el primer jefe se ve en la necesidad de expedir el decreto del 6 de enero de 1915, sobre el reparto de tierras, lo cual no era sino una maniobra diversionista en el intento de mediatizar el impetuoso movimiento agrario encabezado por Zapata.

Pero estamos en Querétaro, el año de 1917, después del triunfo del ejército constitucionalista.

El Congreso Constituyente ha de encarar los grandes problemas sociales y económicos que Carranza encareciera posponer hasta la terminación de la lucha armada. Ahora tendría "que principiar, formidable y majestuosa, la lucha social, la lucha de clases, queramos o no queramos nosotros mismos". La cierto es que así no lo quisieran Carranza y el ejército constitucionalista, la lucha de clases entre proletariado y burguesía ya había "principiado" desde años atrás con las grandes huelgas de Cananea y Río Blanco, reprimidas ferozmente por la dictadura.

Tomada cuenta de este hecho, la lucha de clases como un fenómeno histórico, objetivo, que se produce al margen de la voluntad, deseos e intenciones de los individuos como seres aislados, las palabras de Carranza sólo tienen una interpretación que se sobreentiende del modo más diáfano a la vista del contexto real de las relaciones sociales: al triunfo de la revolución constitucionalista, ésta debía hacerle frente a la "formidable y majestuosa" lucha de clases, precisamente para que el "nuevo" Estado no viniese a resultar, a la postre, en una de sus víctimas, que no la principal de ellas.

En ninguna otra cosa que en lo anterior era donde residía el contenido ideológico *eficiente* del discurso de Hermosillo en 1913 (y recuérdese que no hay ideología sin eficacia), por lo que se explica que fuese esta misma la posición ideológica asumida por los constituyentes de 1917. Así pues, el congreso se situó frente al fenómeno insoslayable de la lucha de clases, como quien se encuentra en medio de una tempestad y no tiene más remedio —en virtud de la "lógica de las cosas"— que acudir al pararrayos para precaverse de las descargas eléctricas: el pararrayos fáctico-ideológico fue el artículo 123, instrumento de los instrumentos en la función de mediatizar la independencia de la clase obrera, desde 1917 hasta nuestros días.

El Estado mexicano, a través de numerosas vicisitudes internas y externas, y de una serie de pruebas y contrapruebas, derivadas de su inicial acto de origen, como acto ideológico que le impedía estatuirse como diametral negación de la sociedad porfiriana, se ha ido afinando cada vez más, hasta llegar a su máxima expresión contemporánea como Estado ideológico *total* y *totalizador*. Cuando decimos *Estado ideológico total*, no se quiera ver en esto un escamoteo de lo que constituye la naturaleza interna verdadera del Estado mexicano. La ideología no es metafísica ni extrasensible. La ideología es una *totalidad concreta* operante y activa, que tiene sus raíces sólidamente establecidas en el compuesto social. El compuesto social en que el Estado mexicano arraiga, dentro de una magnitud circunstancialmente variable, lo constituyen las clases sociales, sin que deje por ello de ser un Estado de la burguesía que encuentra su sostén más vigoroso en las grandes masas domesticadas de la clase obrera, los campesinos y las clases medias.

El secreto de esta dominación *total* no se encuentra en otra parte que en la *total* manipulación, por el Estado, del *total* de las relaciones sociales, o dicho de otro modo: así como el pueblo afirma que al pulque sólo le falta un grado para convertirse en carne, al Estado en México sólo le falta un grado para ser fascista.

En suma, éste es el mecanismo con el que funciona la *democracia bárbara* en México: la democracia ideal, puramente invocativa, como el traje de etiqueta con que se viste al chimpancé para su grotesca actuación en el circo de la política mexicana.

J. R.

México, marzo de 1975

ADVERTENCIA

El presente ensayo fue escrito a raíz del penúltimo informe presidencial del señor Ruiz Cortines en septiembre del año pasado. Así que debió aparecer por aquellas fechas y el que no haya ocurrido de este modo se debe únicamente a que no hubo editor, afín a mis ideas, que se interesara en publicarlo. Sin embargo del tiempo transcurrido y de que el presente trabajo aparece en las vísperas mismas de las elecciones, creo que no ha perdido actualidad, particularmente en lo que hace a la caracterización de nuestras prácticas electorales y el contenido real de las mismas.

El informe del señor presidente rendido a las cámaras el año pasado no pudo menos que defraudar a las personas ingenuas que esperaban el anuncio de un cambio en los sistemas políticos vigentes. Este cambio, por supuesto, no se podía ni se podrá producir desde arriba, ni por obra y gracia de los altos círculos gobernantes. Con todo, la inocente esperanza de los ilusos tenía su razón de ser, aunque ésta fuese de naturaleza puramente subjetiva.

Se pensaba que un hombre como Ruiz Cortines, ya entrado en edad y cuya carrera política termina al mismo tiempo que su mandato, sabría colocarse por encima de sí mismo y adoptar una posición histórica superior que dejara una huella profunda en el desarrollo político de México.

Los hechos demostraron cuán deleznable era apoyarse en este factor subjetivo para conjeturar un cambio. Sin duda alguna el señor Ruiz Cortines tiene numerosas prendas personales, pero entre ellas no se cuenta, ni con mucho, la de la grandeza histórica.

El señor Ruiz Cortines se ha preocupado de que la maquinaria gubernamental funcione con eficacia y de que no falte el aceite en su engranaje; en este sentido el señor presidente ha desempeñado mucho menos que el papel de capitán de la nación, el de un contramaestre concienzudo y sin grandes inquietudes ecuménicas, tal vez harto consciente de sus propias limitaciones personales. Pedirle algo más allá de estos límites humanos no sólo resultaba injusto, sino perniciosamente quimérico. Era obvio —y lo sigue siendo, incluso por lo que hace al futuro presidente— que ahí no podía radicar el problema.

Desde que se fundó el partido oficial y éste fue perfeccionándose como instrumento del dominio de un determinado número de entidades e intereses, el proceso político empezó a cobrar una fuerza en cierto modo autónoma en relación con las personas que en él participaban. A la postre la maquinaria política y sus procedimientos han adquirido un inevitable impulso de inercia que empuja a los actores de la comedia democrática en una dirección dada, a veces opuesta a la que hubiesen querido tomar, sin que en ello puedan influir sus buenas intenciones ni su infatigable palabrería. No era posible pedirle a Ruiz Cortines que se sustrajera al impulso de esta inercia. Tampoco será posible exigir tal cosa a su sucesor... ni a su exuberante oratoria.

Pero entendámonos. Esto no exculpa al actual presidente de la República, del mismo modo que no exculpará al futuro mandatario López Mateos, por cuanto al papel que han jugado ambos en la perversión de los procedimientos político-electorales que privan en nuestro país. Los hombres son frutos de sus obras y los presidentes de México seguirán siendo fruto del tapadismo hasta que el país se canse de que así sea.

Por ello hay que insistir en que el problema de una renovación de los sistemas electorales y de una regeneración de la democracia en México no debe esperarse del poder público. Ésta es una tarea que está en manos de la oposición. Pero no de *toda* oposición, sino de la única que puede ser eficaz y consecuente en un país como el nuestro: la *oposición de izquierda.*

El Partido de Acción Nacional ha participado en la presente campaña política con un candidato propio, en abierta pugna con el candidato del bloque gubernamental. Es decir, ha hecho "oposición".

A primera vista tal cosa podría parecer como digna del mejor aplauso, ya que se presentaba en virtud de una afirmación de independencia política frente a la tremenda y arrolladora maquinaria oficial. Pero lo curioso —y en gran medida tragicómico— es que no se trataba sino de lo contrario, como ulteriormente lo han demostrado los hechos. No había ni ha habido tal independencia del PAN, porque dicha independencia no radica en el alarde de lanzar un candidato propio a la primera magistratura, sino en algo mucho menos cándido, desde luego, que ese divertimiento político, para llamarlo de alguna piadosa manera.

El PAN, así, tuvo que cargar sobre sus espaldas con el peso de una lamentable paradoja. La independencia de un partido político se caracteriza precisamente porque tal partido lucha por objetivos que le pertenecen de un modo orgánico, le dan su razón de ser y lo distinguen de los demás en una forma precisa y específica. En la presente campaña política el PAN se encontró de pronto ante el hecho, no por risible menos descorazonador y alarmante para los mismos panistas, de que lo único que no podía hacer ante la opinión pública era desempeñar su papel como Partido de Acción Nacional; todo lo que quisiera, menos exactamente eso.

Está visto y demostrado desde algunas decenas de años, que los ataques contra el régimen lanzados desde el punto de vista de las derechas, no ha conducido a otra cosa que a fortalecer y cohesionar al propio régimen. El PAN, de este modo, tuvo que verse en el trance —a que lo constriñó el lanzamiento de un candidato presidencial "independiente"— de dejar en suspenso algunos de los postulados básicos de su programa, para incurrir, a cambio de esto, en una desatentada y sorprendente demagogia izquierdista y radical. El partido de los mercaderes empuñó el látigo para expulsar a los mercaderes del templo, naturalmente sin el propósito efectivo de que tal cosa ocurriera.

Es aquí donde el PAN pierde su independencia —si alguna independencia real ha tenido—, a fuer de ser independiente; donde diluye sus contornos políticos, a título de precisarlos; y donde, bajo el empeño de poner al desnudo las transgresiones cívicas y los vicios de una falsa democracia, contribuye, por el contrario, a que esa misma democracia oculte la desnudez de sus escandalosos procedimientos antidemocráticos con la hoja de parra de una despistada y delirante oposición, a la que el régimen concede plena libertad. Es decir, esa plena libertad —inocua por otra parte— que el régimen concede a sus adversarios para ocultar tras de ella los manejos que verdaderamente le interesan.

Lo precedente, sin embargo, podría inducirnos a creer que el PAN ha desempeñado en la contienda política el papel de un Quijote "todo fantasía, todo corazón". Nada de eso. El PAN no se engaña ni nosotros tampoco debemos engañarnos. El triste resultado de todo será la obtención, por el PAN, de unas cuantas curules en las cámaras legisladoras, cosa que el régimen accederá gustoso a reconocer como una merecida y justificada concesión a sus leales cuanto útiles "enemigos". Bien que esas curules —lo sabemos desde ahora y lo sabe el PAN sin que el hecho lo ruborice demasiado—, tampoco serán fruto del sufragio efectivo de la ciudadanía, sino apenas una variación "democrática" de las mismas maquinaciones electorales que el PAN —el partido de las "personas decentes"— pretende combatir con tan conmovedor denuedo..

El Partido de Acción Nacional no ha podido presentarse ante el pueblo con su propio programa, entre otras cosas, porque dicho programa en gran medida lo han hecho suyo el mismo gobierno y su candidato. Si el PAN, como partido conservador que es, manifiesta una notoria simpatía hacia el clero político, pongamos por caso, ¿qué podía decir u objetar cuando el señor López Mateos, en su gira de propaganda, era recibido por sacerdotes católicos con discursos de bienvenida? ¿Qué puede decir el PAN, como partido que propugna por que el Estado favorezca toda clase de inversiones extranjeras, cuando los representantes más conspicuos de esta tendencia imperialista figuran de modo prominente y decisivo en los llamados Consejos de Planeación —como en el D. F.— por haberlo así resuelto, sin que quepa la menor duda, el propio candidato —y ya casi primer magistrado— señor López Mateos?

Con los dedos agarrados contra la puerta política, el PAN no tuvo otro remedio que abdicar de los extremos más derechistas de su programa —claro está que solamente en los discursos— y lanzarse a los campos de Montiel de una demagogia *sui generis* como único recurso que le quedaba para impresionar a la opinión pública.

Hemos insistido en poner de relieve esta actitud del PAN, porque ella es, en sí misma, la comprobación más evidente de que la única fuerza capaz de encabezar y conducir una política oposicionista contra el bloque gobernante es la que constituyen las izquierdas. En la presente etapa política por la que atraviesa el país —y que será en esencia la misma, bajo el futuro gobierno, a menos que se altere la correlación de las fuerzas sociales que impera en la actualidad— se necesita una vigorosa, acometida e inteligente oposición de izquierda, tanto más cuanto la izquierda es la única llamada a realizar, no sólo la oposición verdadera, sino también la única oposición posible dentro de las nuevas condiciones que, a partir del gobierno de Alemán, se han creado dentro del régimen que preside la familia revolucionaria.

Ahora bien. La propia izquierda ha sufrido cambios sumamente notables bajo el efecto de esas nuevas condiciones a que nos referimos.

De un tiempo a esta parte —y no viene al caso precisar cronológicamente el fenómeno— las izquierdas de México han venido sufriendo un proceso interno de diferenciación que culmina, del modo más dramático, en la presente campaña electoral donde el señor López Mateos resultó ser el "tapado" que el gobierno iba a sacar a luz en el momento en que se le antojara.

La política del tapadismo fue precisamente la prueba de fuego que no pudieron resistir las izquierdas, y la mayoría de éstas, entonces, prefirió escoger la forma oportunista de enfrentarse al problema, o sea la de aceptar esa política todo el tiempo que fuese necesario, en la mendicante esperanza de que el gobierno se decidiera a lanzar, como candidato del triunfo ineluctable, al "menos malo" de los "tapados".

De este modo la izquierda oportunista, encabezada por Lombardo Toledano, se apresuró a brindar su apoyo al licenciado López Mateos —así la hicieran víctima de insultante desaire— en cuanto aquél hizo su aparición en escena. La diferenciación final de las izquierdas consiste, pues, en que hay actualmente en México una izquierda oportunista, y otra, revolucionaria, que sin embargo todavía se encuentra en proceso de estructuración política y orgánica.

Salta a la vista entonces la enorme responsabilidad histórica que descansa sobre la izquierda de México en su conjunto, y las urgentes, gravísimas e impostergables tareas a cuyo cumplimiento deberá enfrentarse sin tardanza —a riesgo de que al contrario se anule durante un largo periodo— la izquierda revolucionaria, en el camino de restructurarse, renovar sus métodos y fortalecer sus filas.

El bloque gobernante ha logrado una de sus más brillantes victorias políticas en la presente campaña al haber convertido el tapadismo en un dogma intangible, aceptado por todos los partidos y todos los sectores sociales. El gobierno, el PRI y sus corifeos, lograron anular, liquidar sualquier manifestación de independencia política de no importaba qué posibles adversarios, mediante el tapadismo, esa especie de tabú psicopolítico al que se sometieron tanto el PAN como, en una forma u otra, los partidos de izquierda.

Los candidatos que surgieron después del tapado —Álvarez y Mendoza López— ya no podían desempeñar, en estas circunstancias, sino el papel de "forillo" democrático —la decoración de fondo que se coloca en las representaciones teatrales— destinado a que resaltase la actuación de la primera figura de la compañía, y de este modo no pararon mientes, siquiera, en ir a "hacer la legua" por el interior de la República.

Pero lo más preciado del triunfo tapadista, para el bloque gobernante, fue el sometimiento de la izquierda. Esto parecía augurar, al futuro presidente priísta, un plácido y dulce reinado sobre una Arcadia feliz donde la única oposición realmente peligrosa había sido anulada de antemano.

Bien; nadie puede impedir a nadie que haga cuentas alegres. El triunfo —como cualquier otro fenómeno social o de la naturaleza— llevaba y lleva en su seno el germen de su propia negación. Esta negación está representada —a despecho de ellos mismos, digámoslo en su descargo— por los líderes obreros, por esa letal estirpe de caciques sindicales, con quienes el gobierno ha cometido el error —enhorabuena— de confundirlos con las masas trabajadoras sobre las que medran.

Sin embargo, no se engaña ni se burla a las masas trabajadoras; no se trafica ni se apuesta en el juego político a cuenta de las masas obreras, impunemente ni por tiempo indefinido. El gobierno y su candidato creyeron tener a las masas porque tenían a sus líderes, porque los tienen. Ahora se ha visto que los tienen como una papa caliente que ya no pueden soltar de las manos.

La clase obrera ha comenzado a despertar y, apenas con el más leve sacudimiento de su gigantesco cuerpo, ya está lanzando a la basura a los líderes traidores. Ahí están los telegrafistas, los maestros, los ferrocarrileros, para demostrarlo, cualquiera que sea el resultado final de sus luchas.

Esto quiere decir que la restructuración definitiva de la izquierda revolucionaria —y no hay otra *izquierda revolucionaria,* en rigor, que aquella que sustenta los principios del marxismo-leninismo— deberá convertirse, para ella misma, en el problema primordial a resolver *por encima de cualesquiera otros problemas.*

Hablamos, por supuesto, de la restructuración de la izquierda revolucionaria dentro de un partido único de la clase obrera, dentro de un verdadero partido marxista-leninista de la clase obrera. La organización, la transformación de la izquierda revolucionaria en este partido marxista-leninista, tendrá la virtud de neutralizar primero, para anular después, la política oportunista, y creará las premisas para que la clase obrera altere la correlación de las fuerzas sociales y se coloque, seguida por los campesinos y otros sectores aliados, a la cabeza de todo el movimiento democrático en la lucha por la liberación nacional del país.

J. R.

México, junio de 1958

MÉXICO: UNA DEMOCRACIA BÁRBARA

I

Existe en el México contemporáneo —digamos el México moderno que nace a una nueva etapa histórica en 1910— una singular propensión, entre muchos de sus hombres más representativos —propensión que a su vez comparte en gran medida el simple ciudadano común—, hacia considerar al país y determinadas de sus expresiones como algo único, privativo, que no tiene precedentes de ninguna naturaleza ni analogía respecto a nada que sea ajeno al propio México y a su peculiarísima idiosincrasia.

Esta propensión —donde se refleja el asombro de un país al que le han perturbado la memoria histórica y aún no sabe dar nombre a las cosas que lo rodean ni a las acciones que consuma, creyéndolas vistas y realizadas por vez primera— podría calificarse en forma aproximada como la tendencia a creer en una cierta "autarquía ideológica", las manifestaciones de cuya existencia se expresarían en "eso" para lo cual no encontramos otra definición que la de "lo mexicano", es decir una indefinición por excelencia. Esto nos recuerda al "clavicordio loco" que Diderot señalaba como ejemplo en su "Conversación" con D'Alambert. Supuesto un clavicordio sensible y pensante, el prodigioso instrumento reproduce de memoria los sonidos ejecutados en él, pero cuando le sobreviene un momento de delirio y enloquece, termina por pensar que es el único clavicordio que existe en el mundo y que toda la armonía del universo se produce únicamente en su seno, sin que nada de los demás exista fuera de sí mismo.

Ocurre algo muy semejante a lo del "clavicordio loco" con nuestro pretendido peculiarismo mexicano, sin que por esto nadie quiera negar las características propias que tiene México, del mismo modo que las tienen cada uno de los demás países de la tierra. Pero la cuestión es otra: es, como decíamos, el problema de las *indefiniciones.*

Ante las dificultades que se nos presentan para calificar los fenómenos, los hechos o las circunstancias de diversa índole —política, cultural, o la que se quiera— que nos parecen nuevos, o que en realidad lo son o pueden serlo —aunque en el mayor número de los casos, como decíamos, tan sólo por tratarse de la primera vez que los vemos, pensando que nadie los ha visto antes de nosotros—, preferimos eludir la connotación precisa de los mismos, para quedarnos con la más cómoda, más risueña, más fácil de las indefiniciones: la de lo nacional imponderable, inasible, que antes de ser una categoría del conocimiento, es, apenas, una percepción psicológica, una sensación. De este modo cuando se nos presentan aquellas cosas cuyos rasgos especiales no podemos o no queremos analizar, en seguida las remitimos al expediente de que se han producido, de que se producen "a la mexicana", lo cual parece explicarlo todo, pero en la práctica no es sino un simple escamoteo de lo que constituye su naturaleza verdadera. Estamos rodeados así, en todos los órdenes de nuestra vida social, política, económica, cultural y aun en el terreno de nuestras costumbres y reacciones temperamentales, de una razón de ser las cosas, "a la mexicana", en cuyo carácter de deliberadamente ilusoria "autarquía ideológica" queremos preservarnos, defendernos, evadirnos del conocimiento de la verdad, aunque ésta no sea en todos los casos una verdad amarga o desagradable con exceso.

En México —y valga aquí aquello de albarda sobre aparejo— se hace política "a la mexicana", se hacen negocios "a la mexicana", se consuman infamias y traiciones "a la mexicana", como también proezas, heroicidades y locuras, que por serlo "a la mexicana" ya encuentran en esto su más legítima justificación. Si, por ejemplo, le preguntamos a un hombre del pueblo qué es, según sus cálculos, lo que haríamos frente al aplastante poder militar de Estados Unidos en el supuesto caso de que éstos invadieran el país, se puede dar por descontada de antemano la inevitable respuesta de dicho insensato, absurdo, delirante, increíble patriota. Nos mirará primero con una sonrisita, burlona y tranquila, para replicarnos después que, de no existir otro remedio, nos defenderíamos y lucharíamos "a la mexicana", fórmula en la cual este mexicano del pueblo y varios millones de otros mexicanos como él, lo cifran todo, su permanencia, su destino, su razón de ser sobre la tierra y el recurso supremo de su salvación, sin detenerse en consideraciones lógicas de ninguna clase.

De ningún modo es tarea sencilla la de medir las proporciones de un concepto alógico tan vasto y de contenido tan diverso y encontrado, como el de considerar ciertos hechos cuya existencia no puede calificarse en otra forma que por serlo "a la mexicana". Pero en suma, ¿en qué consiste esto de ser, de existir, de producirse una cosa de un modo tan impalpable, sutil, y, paradójicamente, al mismo tiempo tan concreto?

Como una respuesta preliminar puede decirse que en el concepto "a la mexicana" entran todos aquellos vicios y virtudes, defectos y cualidades de nuestra praxis, de nuestro ser en la realidad, de nuestro realizarnos en la acción, que "no quieren decir su nombre" y que permanecen en la vaguedad de una actitud que a la postre siempre nos resulta muy divertida y nos arranca una sonrisa de alegre complicidad.

Un aviador se lanza en un vuelo sin escalas de México a Washington, extraordinario para su época y que constituye una verdadera hazaña, y logra consumarlo en condiciones óptimas. Sin embargo, cuando regresa, también por el aire, cargado de laureles, debieron éstos pesar tanto dentro del avión —en efecto, el héroe traía a bordo, según se dijo más tarde, un excesivo número de *souvenirs* para regalar con ellos a sus familiares y amistades— que el aparato apenas pudo alzar el vuelo y fue a estrellarse en las riberas del Potomac, con el resultado consiguiente de que muriese el intrépido piloto. Bien: México entero derramó sentidas lágrimas; pero quedaba algo muchísimo más conmovedor que la misma llorada muerte del héroe: éste había perecido a causa de haber hecho las cosas "a la mexicana", es decir, en la misma forma en que cada uno de nosotros —los por aquel entonces, me parece, quince millones de mexicanos— lo habríamos hecho también, de encontrarnos en parecidas circunstancias. Pancho Villa invade el territorio norteamericano, saquea, incendia y destruye la población de Columbus, con lo cual origina un grave conflicto internacional, y como no queremos darle a esta acción el nombre que le corresponde, nos basta y satisface con que se haya consumado "a la mexicana" para que renunciemos, con la mayor tranquilidad, a cualquier análisis que pudiera aportarnos alguna enseñanza. Amamos "a la mexicana", es decir, con la entrañable ferocidad de dulces homicidas virtuales o en potencia, no ya sólo en el caso obvio del marido y mujer que de consuno —como si se tratara de algún sacrificio ritual ofrecido a quién sabe qué tenebrosas deidades— asesinaron al amante de la segunda, en demostración del amor más tremendo e inaudito (noticia que apareció hace algún tiempo en los periódicos), sino aun en el caso del insospechable caballero que por la mañana preside una reunión del consejo de su compañía, y por la noche casi mata a golpes a su querida; no, a su esposa no, de ningún modo, ella es algo diferente, tal vez casi un ser humano.

Pero es inútil referirnos a más ejemplos. Lo que nos importa por ahora es situar el fenómeno y tratar de analizarlo, en relación con su presencia dentro de algo que tiene la virtud de ser lo que más inquieta, apasiona, divierte, exalta, alegra, decepciona y enardece a todos los mexicanos: por supuesto me refiero a la cuestión electoral, a las elecciones venideras de presidente de la República y representantes al Congreso, o sea esto que en México se denomina oficialmente, sin la menor ironía pero también sin rubor, "renovación de los poderes federales".

Estamos ante una campaña política y una sucesión presidencial que, como las de todos los tiempos en nuestro país, a partir de don Venustiano Carranza, por lo que hace al periodo "revolucionario", se conducen y llevan a cabo, forzosa e inevitablemente, "a la mexicana".

Así pues, ha llegado el momento, después de los cuatrenios y sexenios transcurridos, de que México piense en lo que esto significa, en cuál es el contenido verdadero que encierra, su razón de ser y sus proyecciones. Intentaremos contribuir a ello.

II

La cuestión nacional del día, desde hace meses, en todos los órganos de la opinión pública, ciertamente es la de la sucesión presidencial, como ocurre siempre que este problema se avecina. Pero ahora esto se presenta con una característica nueva, en cierto sentido muy curiosa y de significación muy especial. Esta característica se refiere al hecho de que los exponentes de las diversas tendencias, quien más quien menos, se han esforzado y se esfuerzan (antes y después del "tapado") por dar a sus aspiraciones políticas la forma de una tesis sistemática —repito, en la medida de lo posible—, fruto, al parecer, de un examen analítico de la situación y hasta si se quiere de una cierta filosofía.

Ahora se escriben ensayos, se redactan tesis y se formulan programas, en que las corrientes políticas asumen una muy austera actitud sociológica, que al parecer está por encima de las pasiones y al margen de los personalismos en torno a los cuales ha girado siempre, en el pasado, la sucesión presidencial. A tal extremo ha llegado a perfeccionarse este plausible empeño cívico

—y en un lapso tan increíblemente corto como es el comprendido entre el primero de septiembre en que el señor presidente de la República tuvo a bien aconsejarlo, y los días actuales—, que resulta muy difícil, para el simple observador, orientarse respecto a cuáles son, o pueden ser, las diferencias entre uno y otro programa, entre una u otra de las tesis y ensayos expuestos, salvo la forma en que están redactados. ¿Son de derecha, de izquierda o de centro, las tesis y plataformas políticas expuestas por esta súbita promoción de ideólogos —deberá añadirse, perdón, revolucionarios—, surgidos de tan repentino modo al solo conjuro mágico, al solo "fecundo y creador" soplo demiúrgico, de la cálida palabra presidencial?

En rigor nadie podría decirlo, aunque este fenómeno de extraña afinidad entre grupos políticos que se saben antagónicos, induciría a las más maliciosas sospechas en cualquier país mucho menos democrático que el nuestro. Sin embargo, hay que esclarecer las cosas: nadie podría decirlo, cierto, de atenerse tan sólo a la palabra escrita. Lo pueden decir, en cambio, los profesionales de la política mexicana, que siempre han tenido el buen juicio de no creer jamás en el valor de las palabras, ni de las propias ni de las ajenas. El político mexicano, sagaz, cazurro, socarrón, inteligente, se cuidará muy bien de no tomarse el aburrido e ingenuo trabajo de leer los meticulosos, inmensos programas electorales, ni las conceptuosas, profundas tesis políticas —no olvidarlo: es, por otra parte, el político más ocupado del mundo—, sino que, expeditivo y antirromántico, lo primero que hará es preguntar quiénes son los que firman. ¡"A ver, a ver! ¿Quiénes son los que firman, compañero Fulano?", y extenderá el periódico sobre la mesa del céntrico café, donde desayuna a las ocho de la mañana, para examinar la lista de firmantes. En esto está la clave que lo explica todo. En la posición que tienen las personalidades que firman, en su reciente pasado —el muy lejano no cuenta—, en sus relaciones, en sus amistades, en sus esposas y —aquí viene lo decisivo de la cuestión— en los negocios directos o indirectos en que participan, es donde se encuentra la caracterización real, verdadera, de los programas, de las tesis, de toda esa torturante palabrería que hoy pretende ordenarse dentro de los severos lineamientos de un tratado de sociología nacional.

Decíamos, pues, que esta novedad en el estilo con que, desde el primero de septiembre, se expresa en México el problema de la sucesión presidencial, resulta al parejo muy curiosa y muy significativa. Curiosa y significativa porque, con una perspicacia por demás aguda, acierta con el resorte que mueve a todos los partidos y líderes políticos, de todas las tendencias, a que le presten —y le sigan prestando en lo futuro, de la mejor gana posible— el sorprendente servicio de ayudarla a encubrir aquello que esconde, aquello que más interesa a la política del gobierno disimular, falsear, disfrazar, o sea el contenido verdadero de nuestra llamada democracia.

El resorte descubierto con la adopción de este nuevo estilo en las formas exteriores de la política electoral, apoya su mecanismo en la oferta tácita que hace —con el "certificado de garantía" de que se tratará de una supuesta lucha de "principios y no de hombres"— de proceder a modo de que, como en el juego de Juan Pirulero, cada quien atienda a su juego, naturalmente dentro de la mutua complicidad que se desprende del interés común, que todos tienen, en seguir practicando una política "a la mexicana", a mayor abundamiento, hoy, con la apariencia, casi civilizada, casi intelectual, casi culta, de una "política de altura". Así, la taumaturgia del informe presidencial del primero de septiembre, ha logrado el milagro de que todos los partidos, todas las corrientes, todos los grupos, sin excluir a los jefes nacionales que se mueven desde el ámbito de sus respectivas ex presidencias —ese ámbito que podría ser, respecto a nuestros caudillos, el "perímetro jovial" de que hablara López Velarde y que, a excepción de uno o dos de ellos, los demás todavía conservan, bien para los negocios o bien para la política—, se hayan dispuesto de inmediato, con el desplegado júbilo de páginas enteras publicadas en los periódicos, a formar parte de la singular combinación que hizo posible (¿a qué tantos brincos estando el suelo tan parejo?) el tranquilo, casi alegre develamiento del "tapado". "Por favor no se muevan —solicitó muy cortés el ejecutivo antes de disparar el obturador de su hábil cámara (fotográfica); es decir, no se muevan, limítense a redactar programas—. . . y ahora sonrían, porque va a salir un *tapadito*."

Si esto no resulta, a juicio del indulgente lector imparcial cuyos sosegados sentimientos apolíticos invocamos, una de las más sagaces combinaciones que se han urdido en la política mexicana, no habremos dicho una palabra.

Pero todo tiene su razón de ser, y el fenómeno anterior también deberá tener la suya, tanto más cuanto lo exige el hecho de que hayamos colocado a todos los partidos y fuerzas políticas dentro de un mismo costal. Sí, a todos, inclusive a los de la incierta, cautelosa, vacilante, comedida, obsequiosa, oportunista oposición que representan Acción Nacional y el Partido Popular, este último con las reservas a que su líder Lombardo lo sujeta.

Hay una razón para que todos los partidos —excepto la extrema izquierda, cuyas perspectivas no se limitan al campo electoral— se sientan solidarios de la falaz apariencia, introducida por el gobierno en la vida política del país, respecto a que "lo que importa son los programas y no los hombres". La razón de esta "solidaridad en la falacia", de todos los partidos y fuerzas políticas, se explica porque todos ellos, de un modo u otro, en mayor o menor grado, viven, se nutren, actúan dentro de las normas de lo que constituye, en su cabal connotación peyorativa, la práctica de una política "a la mexicana", o sea esa política críptica que se ve en la *necesidad histórica* —justo es reconocerlo— de proceder a base de sustituciones ideológicas y fetiches doctrinarios, que son la expresión subvertida, la idealización a la inversa, de los propósitos y objetivos verdaderos que, mediante una lucha más o menos disfrazada, o más o menos abierta, según lo determinen las circunstancias del momento, se proponen realizar las clases dominantes de nuestro país.

Es aquí donde radica el aspecto medular del problema.

III

Ninguno de los partidos políticos existentes reconocidos como tales por la Ley Electoral, es decir, ni los partidos que se mueven dentro de la órbita de la política del gobierno, ni aquellos que pretenden moverse dentro de un campo de acción independiente, están en condiciones de poner al descubierto cuáles son los verdaderos intereses sociales que representan, así como tampoco cuáles son los objetivos de las clases de la sociedad mexicana por los que verdaderamente luchan.

Al afirmar esto no se trata, sin embargo, de formular ninguna valorización de carácter ético, que resultaría subjetiva, sino de establecer un hecho que se produce en virtud de las leyes que rigen el proceso del desarrollo social, y sobre lo ineluctable de cuya naturaleza no pueden influir, en modo alguno, los buenos deseos ni las prendas morales de las personas individualmente consideradas.

Ningún partido, ninguna fuerza política, puede sustraerse al hecho de llevar dentro de sí un cierto contenido de clase determinado. Cuando los hombres se organizan políticamente, al hacerlo expresan, aunque esto no se dé en todos los casos de un modo consciente, el pensamiento y las aspiraciones de una clase, o de varias clases afines. Aún no se ha dado en la historia el ejemplo de ninguna organización política que no represente algún interés de clase, por más difuso, vagoroso o impreciso que aparezca tal interés en la realidad práctica de la acción, que es el terreno donde se revela en forma incuestionable la fisonomía real, auténtica, de las intenciones, sin que importe el ropaje, o aun la falta de ropaje, con que antes hayan sido éstas presentadas.

Resultaría así algo más que asombroso, en verdad, que una ley universal como la expuesta, únicamente careciera de vigencia para el país llamado México. Pero no; México no está metido dentro de ninguna campana neumática que lo exceptúe de que en su desarrollo social e histórico se manifiesten las mismas características que, para todos los países de la tierra, tiene el devenir de la existencia humana.

Ahora bien, si no importa qué partido, organización, fuerza, o actividad política representan *a fortiori* un determinado interés de clase, ¿por qué no en todas las circunstancias, ni respecto a todas las clases, estas entidades políticas están siempre en condiciones de expresar de un modo abierto, franco, sin supercherías ni mistificaciones, dicho interés?

Apresurémonos a decir, antes de cualquier otra consideración, que no debe esperarse una respuesta absoluta a la pregunta precedente.

El problema es muy complejo y, repetimos, nada tiene que ver con nociones éticas como la hipocresía, la doblez o el cálculo maligno, ni con la bondad, la pureza o la rectitud, de los representantes de aquellas clases que, en circunstancias dadas, ocultan, disfrazan y disimulan sus fines, o echan mano de un lenguaje ajeno, que pertenece a otras clases, para expresarlos y acelerar su cumplimiento por medio de la acción.

A título de ejemplo tomemos a la burguesía, en la fase ascendente y revolucionaria de su desarrollo histórico.

En su fase de ascenso revolucionario, la clase de la burguesía aparece en la escena histórica para inaugurar una época nueva. Es nada menos que la impetuosa, audaz, valiente, irreductible burguesía de la revolución francesa, que extrajo, desde el fondo de las entrañas sociales hasta la estremecida superficie de los acontecimientos históricos, a hombres de la impresionante talla de los Robespierre, los Marat, los Saint-Just, los Desmoulins. La clase que estos hombres representaban se había propuesto barrer el pasado hasta sus últimos vestigios; eran una clase y unos hombres que edificaban, con los materiales vivos y sangrantes de la historia, las bases de una nueva sociedad. Ésta era la tarea en su etapa heroica, la tragedia en todo su espléndido patetismo, pero la misma sociedad nueva cuyos cimientos se establecían en medio del sobrecogedor derrumbe del viejo edificio social, no iba a tener por su parte nada heroico, ni de espectaculares proporciones trágicas. Establecería simplemente, con ávido y tenaz practicismo, presidido por el uso del más sano sentido común, la libre concurrencia mercantil, la explotación parcelaria de la tierra y la productividad de tipo industrial. La poderosa, arrebatadora consigna de libertad, igualdad, fraternidad, se replegaba, así, dentro de los sensatos límites domésticos a que la había confinado el propio desarrollo de la sociedad capitalista, cuyo advenimiento invocara con tan tremendas voces, en el más inmediato pasado, la burguesía revolucionaria.

¿Podría decirse, sin embargo, que la nueva sociedad burguesa "traicionaba" a los hombres que la habían representado en el 93? De ningún modo. Lo que ocurría era otra cosa. Aquellos hombres del periodo jacobino de la revolución, y por descontado, la misma clase burguesa de que eran jefes, se habían visto en la necesidad, ante la carencia de un lenguaje político propio, que no se inventaba aún, de valerse de palabras —y no sólo esto, sino también estilos de vida, costumbres, arte, instituciones políticas y hasta modas en el vestir de las mujeres— que no eran las suyas. Para ganarse al pueblo en la lucha por el establecimiento de la nueva sociedad, los jefes jacobinos de 1793 tenían que remitir los precedentes de ésta a los ejemplos ecuménicos de otras sociedades del pasado. De este modo, en apariencia, ya no se trataba de instituir el régimen de la producción de mercancías por medio del desarrollo industrial, del trabajo asalariado y de la detentación por la clase burguesa de los instrumentos de producción, sino de restaurar en toda su grandiosidad cívica, moral, filosófica, bajo la sagrada égida de la razón, la antigua República romana.

No es por un azar que Jacobo David, el pintor convencionista, robespierriano, radical, de *Marat asesinado en el baño*, cuando hacía retratos de las suculentas y prósperas ciudadanas del Directorio, ciudadanas vinculadas con la política revolucionaria y con los negocios mercantiles e industriales, mostrara a éstas, al mismo tiempo, bajo los atavíos de las matronas romanas.

Una vez realizada la nueva forma de la sociedad —dice Carlos Marx refiriéndose al proceso de desarrollo de la revolución francesa, en *El XVIII Brumario de Luis Bonaparte*—, los colosos antediluvianos desaparecieron y, con ellos, las reconstituciones prestadas de Roma, los Brutos, los Gracos, los publicanos, los tribunos, los senadores y César mismo. La sociedad burguesa, práctica y realista, habíase creado sus verdaderos intérpretes, sus verdaderos portadores, en la persona de los Say, de los Guizot, de los Royer-Collard, de los Benjamin Constant, de los Cousin; sus capitanes reales residían detrás de los mostradores, y su jefe político era Luis XVIII, esta "cabeza de grasa". Enteramente absorbido por la producción de la riqueza y la lucha pacífica de la concurrencia, no se daba cuenta. que las sombras romanas habían velado sobre su cuna. Pero, a pesar de que esta sociedad burguesa no tuvo nada de heroica, no le había, por lo menos, faltado el heroísmo, la abnegación, el terror, la guerra civil, las batallas de las naciones por entrar en el mundo. Y sus gladiadores hallaron, en las austeras tradiciones clásicas de la República romana, las concepciones ideales y las formas de arte. que tenían necesidad para disimular entre ellos mismos el fondo burguesamente estrecho de sus luchas y mantener su pasión a la altura de la gran tragedia histórica.*

Como puede verse a través de esta cita de Marx, llegó un momento en que, consolidada la burguesía, ya no tuvo necesidad de valerse de un lenguaje ajeno, sino que echó a circular el suyo propio como una moneda cuyo curso legal se expresaba en el idioma de las altas finanzas y de las grandes empresas capitalistas, los intereses de las cuales terminaron por convertirse, sin embozo alguno y del modo más franco, en los programas de los partidos políticos dominantes, y en la política de los gobiernos dominados por dichos partidos.

IV

¿Cómo se producen las cosas en nuestro país, por lo que hace a los partidos políticos de nuestros días y a la propia burguesía mexicana? ¿De qué punto arranca el carácter ficticio, engañoso, puramente verbalista y decorativo, de los programas electorales? ¿Cuál es la realidad viva, concreta, que se oculta tras de los fetiches doctrinarios y las imposturas ideológicas de la política mexicana?

* C. Marx, *El XVIII Brumario de Luis Bonaparte,* ed. Claridad, Buenos Aires, sf. pp. 20-21.

Pero antes de seguir adelante será preciso prevenir al lector hacia el equívoco que pudiera desprenderse de las preguntas anteriores.

Naturalmente que sería injusto condenar en bloque a todas las actitudes políticas que se han manifestado en el último periodo. Algunos de los programas y declaraciones electorales, aparecidos en la prensa a partir del informe presidencial del primero de septiembre, parecen ser satisfactorias por cuanto a que formulan ciertas aspiraciones justas y denotan una evidente inconformidad ante los procedimientos antidemocráticos del régimen. Además, durante esta larga, bochornosa y miserable vela de armas, que el gobierno logró implantar como antesala obligada de las elecciones (lo que representa uno de los alardes más audaces en materia política, o sea, el de haber impuesto la imposición, antes que cualquiera otra cosa); durante esa etapa de vergüenza ciudadana, decíamos, se hizo presente, además, otro fenómeno nuevo —aparte el "programismo", pero aquél de naturaleza positiva—, que tampoco debe dejarse pasar por alto. Nos referimos a la circunstancia alentadora de que por primera vez de un modo público, se hayan producido expresiones de autocrítica en el seno de la "familia revolucionaria". Cárdenas y Portes Gil, cada uno desde su punto de vista, enderezaron determinadas críticas hacia el régimen del *que forman parte histórica,* o sea, que el *régimen histórico* que priva en el país ha comenzado a autocriticarse, lo cual representa, en potencia, la eventualidad de una transformación interna, cuyo sentido por lo pronto es imposible vaticinar, en los procedimientos del ejercicio del poder que pone en práctica la clase gobernante.

El equívoco del que queríamos prevenir al lector era entonces, precisamente, el de que no fuese a suponer que tratábamos de ignorar estos hechos. Con todo, me parece indispensable hacer todavía una reserva más.

El análisis del sistema electoral que existe en el país —mucho mejor que del jurídico, el análisis de ese otro sistema tácito que constituye una realidad más complicada y cuyas leyes no escritas encierran más inesperadas acechanzas, más inaprehensibles sutilezas y complejidades mayores que el primero—, así como de la actuación, dentro de los marcos de este sistema, de los partidos y líderes políticos, requiere un método estrictamente realista y objetivo. Lo que llamamos "política mexicana" es una superestructura de supercherías, conceptos míticos y reducciones *ad absurdum,* donde se refleja, distorsionada como en un espejo convexo, la realidad auténtica respecto de la cual esta superestructura es tan sólo el fetiche, el símbolo que la sustituye, la traducción que la vierte a otro idioma distinto. El análisis, o sea la *crítica* del fenómeno, en consecuencia, debe realizarse desde *afuera* y sin el menor compromiso con la ortodoxia a que están sometidos los elementos que integran la superestructura propiamente dicha, es decir los partidos, los grupos y las corrientes políticas. Desde este punto de vista el análisis no puede ser sino revolucionario, esencial y deliberadamente subversivo en relación con la ortodoxia interna del fenómeno, pues se propone colocar sobre sus pies aquello que estaba de cabeza, descifrar los caracteres crípticos con que se formula el lenguaje político en México, y descubrir el contenido real, de clase, que se esconde entre la engañosa maraña de la ideología dominante en el país.

Esto explica el por qué todo lo que se comprende dentro del fenómeno "política a la mexicana" y "democracia a la mexicana" —independientemente de sus aspectos positivos o negativos, progresistas o conservadores, revolucionarios o reaccionarios—: partidos, programas, actitudes, fraseología, doctrina y demás, sean tomados aquí —para los fines de obtener una verdad objetiva— tan sólo en su condición real de un espejismo ideológico cuya falacia es imprescindible poner al descubierto.

Parecería como si en esto estuviéramos incurriendo en una ligereza al hablar de la política mexicana como de un todo, como de una voluntad única que puede o no puede realizar tales o cuales cosas, cuando lo cierto es que dentro de la política mexicana se mueven muchas voluntades, diversos partidos e intereses de muy variada índole.

La composición interna de la política mexicana, en efecto, es un combinado heterogéneo de fuerzas y entidades que tienen cada una su propia órbita de acción y que, hasta cierto punto, disponen de determinada autonomía. Pero lo que importa no es esto, sino precisamente que, a pesar de esto, la política mexicana obedezca en su conjunto a una orientación común, y tenga una trayectoria de desarrollo en la que confluyen, como si fuese mediante un acuerdo previo, todas las partes que la integran. Esta circunstancia no puede explicarse de otro modo que por la existencia de una fuerza dirigente, en concreto, de una clase dirigente, que arrastra tras de sí a las demás e imprime a la política entera su propio sello, su propia marca de fábrica.

En lo anterior radica la causa esencial de por qué la política mexicana no puede enunciar abiertamente sus objetivos de clase y luchar por ellos de un modo franco, dándoles el nombre que tienen. La clase que encabeza en México la política, que le da su tónica y señala los caminos, es una clase que está obligada a contar con las demás, en el mismo sentido —aunque no en la misma medida— en que las demás cuentan con ella. En el interés de la clase dirigente no entra el quedarse aislada del conjunto y colocarse en el riesgo de que se le arrebate su papel hegemónico. Si planteara la lucha abierta por sus propios objetivos, entraría en forzoso conflicto con una o más de las otras clases que la siguen y esto, por lo pronto, durante un cierto periodo, no conviene a sus intereses. De aquí que la lucha por sus propios objetivos sea presentada, por la clase dirigente, como la lucha por los intereses generales de toda la sociedad, y resulte así, no la representante de los intereses privados y exclusivos de una clase, sino la representante de la nación, la nación misma, intangible y sagrada, que flota por encima de las ambiciones particulares y de los mezquinos intereses partidarios.

Queda una cuestión pendiente, sin embargo: ¿por qué ha de ser que las demás fuerzas que integran ese "combinado heterogéneo" que constituye la política mexicana, tampoco estén en condiciones, tampoco "puedan" luchar, en forma descubierta y franca, por sus objetivos e intereses de clase? Éste es un hecho condicional, relativo, y que se refiere a la situación concreta por la que atraviesa México en el presente periodo.

Hay una política dominante, y hay una política de los partidos; hay una ideología dominante, y la ideología de otras clases que aún no llegan a dominar.

La política dominante en México es la política de la clase dominante, o de las clases dominantes. El problema de los partidos y las clases no dominantes, de luchar en una forma directa y franca por sus intereses y objetivos de clase, es el problema de si tales partidos y clases son los llamados *históricamente* a hacerle la concurrencia política a la clase dominante, si son los llamados a disputarle y arrebatarle su dominio. En caso de no representar a las fuerzas llamadas históricamente a disputarle el dominio a la clase dirigente, esto indicará, respecto a dichos partidos, que sus fines, sus intereses de clase, no están contrapuestos, no son distintos, en lo fundamental, a los intereses y fines de la clase dominante misma. No tendrán necesidad entonces de una lucha por sus propios objetivos en forma separada, haciendo caso omiso del parentesco de clase que les une al grupo dirigente; deberán marchar unidos a éste como compañeros de viaje dentro de un mismo tren, pese a que discrepen y disputen respecto a propósitos y ambiciones de carácter secundario.

Para comprender lo anterior de modo que sirva asimismo a la

comprensión del papel que juegan y el sitio que ocupan los partidos, los grupos, las corrientes y los caudillos políticos dentro de la política mexicana, es preciso poner de relieve la distinción que existe entre lo que es el gobierno y lo que es el poder político real. El gobierno, en sí mismo, no es sino la exteriorización jurídica de un poder real que existe y se ejerce al margen de las instituciones; el gobierno, de este modo, se reduce a ser el instrumento formal, institucional, de la clase dirigente. Esta clase, y las demás que le son afines, participan en el ejercicio del poder —de un modo u otro— sin necesidad de participar en el gobierno. Son personas, grupos, corrientes, partidos, que influyen y deciden sobre la marcha de los asuntos nacionales, de acuerdo con el gobierno y en íntimo contacto con éste, y sujetos a una cambiante subordinación mutua conforme las circunstancias lo exigen.

¿Qué necesidad tienen los partidos que participan en el juego político electoral, de que se implante en México, como lo proclaman, una democracia de tipo "occidental" —llamémosla así para distinguirla de la "democracia bárbara" imperante—, que no sea la necesidad de disimular sus propios fines, de encubrir sus verdaderos intereses, cuando ellos saben muy bien que están unidos al régimen, y que no son sino la parte extraoficial del mismo, o sea la llamada a desempeñar en la política el papel de "fuerza independiente"?

V

Tomemos al Partido de Acción Nacional. El PAN representa sin duda alguna —y sólo los zafios o los desquilibriados podrían negarlo— a un sector de la *clase dirigente* de la sociedad mexicana. No importa que este sector de la clase dirigente a que el PAN representa, no forme parte del gobierno: de cualquier modo comparte el ejercicio del poder en las formas más variadas e inaparentes, a través de los negocios, de las instituciones financieras, de las maquinaciones bursátiles, bien sea por los procedimientos de la *entente cordiale* o de la lucha más o menos encubierta cuyos resultados son siempre las "transacciones honorables" y los "pactos entre caballeros".

Nada más falso —y nada, tampoco, en que la política oficial denote mayor complacencia— que calificar al Partido de Acción Nacional como el organismo que representa a los sectores "reaccionarios neoporfiristas" que anhelan un regreso al régimen, "definitivamente superado", anterior a 1910. Esta infantil y "terrible" calificación no sirve sino *pour épater* al revolucionario, para asustar, para encender en ira santa a los despistados revolucionarios de 1910, que siempre están en trance de enristrar la lanza contra no importa qué molinos de vientos "clericales y porfiristas", ya tan inexistentes e ilusorios en la política mexicana de nuestros días, como ellos mismos lo son.

Ante esto el propio Partido de Acción Nacional se ríe por lo bajo con su bien educada risa de conejo, y cuando —con sospechosa sagacidad— coloca al Partido Popular en el "ala izquierda" del PRI —te lo digo hijo para que lo entiendas nuera— no puede menos que colegirse que para sí mismo reclama el "ala derecha", papel cuyo desempeño legítimamente le corresponde, en rigor, y nadie tiene el derecho a disputarle. A mayor abundamiento, dispone de una magnífica utilería para ello: la no injerencia del Estado en la vida económica, la libertad de empresa, el estímulo a las inversiones privadas y a cierto tipo de inversiones extranjeras, etcétera, que nunca han constituido un estorbo de consideración para el eclecticismo doctrinario en que basa el régimen su política económica.

¿Cuáles son las aspiraciones que "no puede" manifestar abiertamente el PAN y que, sin necesidad de manifestarlas, le son satisfechas por el régimen en mayor o menor medida? El PAN representa a los sectores económicos cuyo trabajo es menos "fecundo y creador" en la vida del país. Son los sectores del capital bancario y comercial, del capital inmobiliario y del que vive y medra a la sombra de la importación, y que tiene al prototipo físico de sus representantes en el "licenciado" cuya aparición histórica en el país data de la colonia y la Universidad Pontificia.

No es por un capricho que se habla aquí de este "licenciado" colonial —que por antonomasia se acepta desde entonces en México como el licenciado en Derecho— y de cuyas prendas y funciones son legítimos herederos los abogados de las grandes empresas capitalistas de nuestros días. Se trata, de hecho, de una verdadera categoría social —no lo decimos en sentido jerárquico, sino en el de una verdadera categoría del conocimiento— que constituye la expresión práctica, material y si se quiere, exagerando un poco, fisonómica, de esa clase adinerada que en México ocupa un lugar importante dentro de la estructura de la sociedad. Este "licenciado" es el profesionista —de limpio título, a no dudarlo, y más preclaro aun si lo obtuvo en la Libre de Derecho— caballeroso, cortés, bien educado ("feo, católico y sentimental", como dijera Darío de Valle-Inclán), dueño de los bufetes más prestigiados y poderosos en México y representante de las más variadas empresas, a través de los cuales ejerce el papel de experto dragomán de los inversionistas extranjeros.

Ahora bien, el anhelo de Acción Nacional y sus licenciados sería el de que México constituyera un campo abierto al desarrollo y la prosperidad de los capitales extranjeros, sin cuyo impulso —según el propio PAN— nuestra economía está condenada a que los buitres le devoren las entrañas, a causa de haberse rebelado contra los dioses, en nuestro caso los grandes intereses del capital imperialista norteamericano. Esta aspiración, aparte la solidaridad económica y los vínculos que unen a los sectores que el PAN representa, con el capi alismo norteamericano, se basa en la creencia de que México no podrá jamás tener una economía independiente ni podrá jámas manejar sus propios destinos por sí mismo.

Resulta lógico y natural que la "familia revolucionaria" —para llamar provisionalmente de algún modo a la clase que ejerce el poder en México y que tiene en sus manos las riendas del gobierno— no comparta los puntos de vista ni las aspiraciones de Acción Nacional, puesto que el capital político de que dicha familia dispone está compuesto precisamente de los elementos que Acción Nacional niega. Pero esto no implica que para las prácticas, procedimientos, conducta y táctica de la "política a la mexicana", exista un abismo infranqueable entre el PAN y la clase gobernante, entre la clase social que el PAN representa y la que por su parte representa la sedicente "familia revolucionaria". Esta familia no comparte la creencia de que México jamás podrá tener una economía independiente. Bien, ¿pero a qué detenerse en puntillos de más o menos? La familia revolucionaria es realista, tiene los pies asentados firmemente en la tierra y si no cree en los postulados del PAN, está dispuesta —y lo ha demostrado, por ejemplo, bajo el gobierno de Alemán— a proceder como si creyera en ellos, en cuanto las circunstancias la empujen —un poco, no mucho— en ese sentido.

VI

Examinemos ahora lo que se refiere al Partido Popular, es decir, a su líder, el licenciado Vicente Lombardo Toledano.

El procedimiento más certero, en efecto, para examinar el papel que desempeña el Partido Popular, es el de referirlo a la posición que ocupa —y la que quiere ocupar— su líder, Vicente

Lombardo. Es curioso que tratándose de un partido que se pretende el más democrático de todos, como lo es el PP, resulte materialmente imposible hablar de que tenga líderes; de que tenga, cuando menos, un líder más, aparte del propio Lombardo Toledano. Por eso resulta tanto más exacto circunscribir el problema a la persona de Lombardo, cuanto, por otra parte, un considerable número de integrantes del PP difieren cada vez más de la orientación política que Lombardo ha impuesto a su partido, y no sería justo hacer recaer sobre estos últimos las mismas caracterizaciones que corresponden, de un modo exclusivo y con todo derecho, al propio Vicente Lombardo.

Para un aficionado a los grandes efectos dramáticos y a las paradojas impresionantes, la tragedia de Lombardo consistiría en el contraste entre lo que este hombre ha querido ser en la historia y el papel, tan sarcásticamente opuesto, a que esa misma historia lo ha confinado. Sin embargo, y visto de cerca el problema, no existe tal tragedia: Lombardo no ha querido ser sino lo que es, puesto que si hubiera querido ser lo que con un poco de ingenuidad podrían suponérsele sus intenciones ideales, es decir el gran líder marxista de la clase obrera en México, a nadie como a él se le presentaron oportunidades más brillantes para llegar a serlo. Así que el aficionado a los grandes efectos habrá de convenir en que lo que pudo ofrecérsele como una vida extraordinaria, no se reduzca hoy sino a una historia vulgar, común y corriente, de las que tanto abundan en la azarosa existencia de nuestros pueblos.

En realidad, si queremos ver los hechos de un modo objetivo, Lombardo ha llegado a la cumbre de su desarrollo histórico, después de que las leyes del movimiento, que rigen de un mismo modo para los hombres tomados individualmente como para la sociedad y la naturaleza, lo han ido despojando, sin encono y sin crueldad, pero inexorablemente, de todo aquello que le era ajeno, que no se correspondía con su constitución interna real y verdadera, y que aparecía como una cambiante vestidura que los acontecimientos le prestaban para la correspondiente aparición en escena. Ahora el proceso ha terminado —después de que la historia lo hizo recorrer caminos tan sinuosos e inesperados— y Lombardo Toledano consuma su destino final como líder incuestionable e indiscutible de la pequeña burguesía. Con todo, todavía ésta es, sin duda alguna, una enorme gracia que la historia concede a Lombardo y que él debiera reconocer el primero, así no fuese sino a título de simple y cortés agradecimiento. Sin embargo, esto no se refiere sino a una cosa tan subjetiva como es la urbanidad de Lombardo y por eso carece del menor interés. Vayamos al papel que Lombardo desempeña como líder de la pequeña burguesía.

Como se sabe, la pequeña burguesía es un grupo social intermedio que carece, dentro de la sociedad, de una base económica lo suficientemente estable y poderosa como para que pueda permitirse el lujo de librar por sí misma la lucha por sus intereses propios. La pequeña burguesía se ve constreñida, en consecuencia, a buscar el apoyo de las clases más fuertes y que le ofrezcan mayores perspectivas, en un momento dado. De este modo "se deja" arrastrar indistintamente por la alta burguesía o por la clase obrera, según sus conveniencias. Es de comprenderse, así, lo complicada, ardua y fastidiosa que irá a ser, para el líder de un grupo tan incierto y oportunista, la tarea de dirigirlo.

Visto lo anterior, ¿qué es lo que Lombardo Toledano ofrece a la pequeña burguesía de la que, abiertamente, terminó al fin por ser el jefe más adecuado y representativo? Como Vicente Lombardo no está en condiciones de ofrecerle a la pequeña burguesía el apoyo de la clase obrera, recurre, entonces, al expediente más fácil y de más espléndida apariencia, aunque tampoco depende de su voluntad: le ofrece nada menos que el gobierno, y no ningún otro que el gobierno próximo, que será —que ya lo es— en virtud de quién sabe qué razones herméticas de las que Lombardo es el fiel depositario, y cuyo inviolable secreto metafísico no puede romper, un gobierno "revolucionario y representativo de todos los sectores progresistas" de México.

Empero, lo anterior no es suficiente para comprender de un modo completo la actitud de Lombardo. Lombardo adolece de una costumbre —sin duda resultado de cierta deformación profesional común a los abogados— que resulta muy engorrosa para quienes tratan de descubrir la raíz de sus posiciones y de sus líneas políticas. O sea, que Lombardo no da un paso, ni adopta una actitud ni toma una resolución, sin elaborar una "teoría" que la justifique, que en cierto modo lo transforme a él mismo en sociología viva y, más aún, en una cómoda e imponderable especie, por encima ya de toda crítica baja y terrenal, de "sujeto objetivizado", y como al margen y a pesar de la propia voluntad de Lombardo. sobre el que se proyectarían las leyes de la historia como hechos consumados que ya nadie puede modificar. Es decir, que el abogado Lombardo procede en la vida política como si estuviese litigando en un juzgado de primera instancia, e invoca siempre la augusta preexistencia de una ley que se adecúa a sus fines. Pero si la ley incurre en el maldito capricho de no coincidir con ellos, esto no es obstáculo para que Lombardo se detenga en algo de tan poca monta como es lo de inventar otra ley menos inconsecuente y tozuda.

Nos hemos de entretener, pues, en el análisis de la "teoría" electoral que sustenta la pequeña burguesía mexicana, tal como la expone su ideólogo Vicente Lombardo Toledano.

VII

El trabajo más reciente de Lombardo sobre la cuestión electoral es un folleto —un intento de versión criolla de *El príncipe*, de Maquiavelo, con la que Lombardo alecciona, aconseja, tranquiliza y presagia toda clase de venturas al príncipe heredero de la "familia revolucionaria" que ocupará la silla presidencial—, que contiene los artículos por él publicados en la revista *Siempre!* y que, según la advertencia editorial "tienen el valor de comentarios al documento aprobado por el consejo nacional del Partido Popular en su última reunión del mes de mayo próximo pasado".

Esta advertencia editorial disipa cualquier duda respecto a que los artículos de Lombardo que en seguida comentaremos, pudieran ser un simple escarceo irresponsable, o trabajos escritos a impulsos de la urgencia periodística, pretextos que, con todo, Lombardo aún no tiene la debilidad de esgrimir como excusa. Los artículos mencionados se agrupan —tal vez por una coincidencia y sin que se quiera ver en esto un deseo de Lombardo de comparar el suyo con el opúsculo de Francisco I. Madero publicado en 1909—, bajo la denominación de *La sucesión presidencial de 1958*.

El propósito de Lombardo en este folleto ha sido el de dar una visión de conjunto del problema que representa la sucesión presidencial en México y los fenómenos sociales y económicos dentro de los que tal problema se produce, a partir de determinadas premisas, de las que su autor deriva el programa "de las fuerzas patrióticas"; el carácter del futuro gobierno como "representativo de los sectores progresistas"; cierta restructuración de la administración pública, amén de un nuevo sistema electoral y la política económica, social e internacional de México, para concluir en las perspectivas que ofrece el futuro para nuestro país.

Nuestro propósito, sin embargo, no es entrar en un examen pormenorizado de todos y cada uno de los aspectos a que Lombardo se refiere en su trabajo, sino tan sólo destacar dentro del mismo las partes en que el pensamiento político de su autor tiene un cierto significado o se expresa de un modo característico, por cuanto a descubrir cuál es la verdadera actitud que asume, y que, con diferentes grados de habilidad y de eficacia, tratan de mantener oculta las palabras.

Destina Lombardo la introducción de su folleto a la descripción de las dos corrientes equivocadas que pretenden interpretar la realidad de nuestro país ("México y el panorama internacional") y en contraste con ellas expone un tercer punto de vista, el suyo, que sería el correcto conforme a las circunstancias actuales de México.

Las dos corrientes erróneas están representadas, a juicio de Lombardo, por los "políticos ignorantes", que "se llaman a sí mismos revolucionarios", de una parte, y de la otra por los políticos conservadores. Los primeros sustentan el criterio de que el desarrollo de México estará siempre circunscrito a los límites que le permita el gobierno de Washington, por lo que sólo un cambio social definitivo en Estados Unidos será lo que determine la liberación de nuestro país del yugo que le impone el imperialismo. Los segundos sostienen, en resumen, que México debe someterse a la dirección del gobierno de Washington porque éste representa al "mundo libre" y es el "depositario y continuador de la civilización cristiana". Estos dos juicios "aparentemente opuestos, coinciden en el fondo" —según Lombardo— pues "uno afirma que no podemos avanzar; el otro que no debemos avanzar" y "los dos declaran que debemos vivir dentro del cuadro de la política internacional forjada por Estados Unidos".

En contraste —como decíamos— con estas dos tendencias equivocadas del pensamiento político, Lombardo formula su propia posición que es la de que México sí está en condiciones de desenvolverse de un modo independiente y que el instrumento para lograr este fin no puede ser otro que un gobierno representativo de las fuerzas progresistas y que se apoye en el programa de estas mismas fuerzas. Al parecer esta actitud de Lombardo es irreprochable. Examinémosla más en detalle para que podamos ver cuál es su contenido real y cuáles son sus propósitos verdaderos.

Comienza Lombardo por exponer el criterio de los "políticos ignorantes de nuestro país", para prevenir al lector respecto a la falsedad de dicho criterio. Dice Lombardo:

Los políticos ignorantes de nuestro país, que se llaman a sí mismos revolucionarios, suelen afirmar, a veces con una pena sincera, que es una desgracia que México no pueda cambiar su ubicación geográfica, porque la vecindad de Estados Unidos impide que nuestro pueblo avance sin obstáculos por el camino trazado por la revolución iniciada en 1910. Partiendo de esta consideración, después de explicarla con argumentos adecuados a ella, concluyen que nuestras posibilidades de progreso económico, de vida democrática y de acción internacional independiente, tienen como límite infranqueable la libertad que el gobierno de Washington nos permita en los diversos aspectos de nuestra evolución histórica.

Tal manera de pensar —prosigue Lombardo— es la de personas que le otorgan a México el carácter de colonia de Estados Unidos y aceptan, aunque sea de mala gana, que nuestra suerte depende de ellos, de tal modo que es necesario esperar a que ocurra un gran cambio social en el interior de la potencia del norte para que nuestro pueblo se libere del imperialismo que lo oprime y desnaturaliza su propio desarrollo.

Hay en este método expositivo de Lombardo Toledano algo que cada vez se vuelve más característico y sobre lo que queremos hacer hincapié cuanto antes. Nos referimos al recurso, que tan a menudo pone en juego Lombardo, de establecer como punto de partida de una tesis dada, lo que en lógica se llama una "petición de principio", o sea, una premisa que ya lleva en su seno la conclusión a la que se la quiere conducir, y que, por ende, ya no necesita demostrarse y se da como una verdad es'ablecida y aceptada. Después de una petición de principio el desarrollo lógico del discurso podrá ser todo lo inobjetable que se quiera, pero nos conducirá siempre a un resultado preconcebido, previamente amañado y por ello falso, contrario a la verdad. El párrafo anteriormente transcrito del folleto de Lombardo constituye, fuera de toda duda, una petición de principio que desempeña un papel muy concreto y tiene una finalidad muy precisa en el cuerpo de la exposición, como veremos.

Antes de examinar el problema, sin embargo, habrá que sacar de su ignorancia al mismo Lombardo Toledano, que parece necesitarlo mucho más, cuando menos en esto, que los políticos a quienes se refiere. No son estos "políticos ignorantes" de nuestro país los que se lamentan por la ubicación geográfica de México y la toman a gran desgracia. Es decir, no han sido únicamente tales políticos, sino que esa actitud viene de mucho más atrás. Ya desde el siglo XIX y no un "político ignorante" sino uno de los más cultos e inteligentes con que México ha contado, don

Sebastián Lerdo de Tejada, se condolía del hecho con una frase llena de ingenio. "La desgracia de México —decía Lerdo— es estar muy lejos de Dios y muy cerca de Estados Unidos." Desconocemos las consecuencias políticas que Lerdo de Tejada querría derivar de su aguda apreciación, pero ya esclarecida la fuente, lo que nos importa por lo pronto mucho más, es darnos cuenta de aquellas que Lombardo trata de deducir de un hecho que da por sentado previamente como indiscutible, o sea el de que existe una actitud política que se sustenta sobre la "desgracia" de que México sea vecino de Estados Unidos.

Las personas que sustentan dicha política —siempre según Lombardo— otorgan a México el carácter de colonia de Estados Unidos y aceptan, "aunque sea de mala gana" que nuestra suerte depende de ellos (de Estados Unidos), "de tal modo" (adviértase que Lombardo dice "de tal modo" y no "en consecuencia", como debiera decir) que es necesario esperar a que en Norteamérica sobrevenga un cambio social para que nuestro país pueda ser libre.

Desde luego nadie va a negar que puedan existir políticos en México, ignorantes o no, para quienes constituye una gran desgracia la proximidad de nuestro país con Estados Unidos. Sin embargo, lo que ya no resulta ni tan evidente ni tan indiscutible, es que tales políticos deriven de la ubicación geográfica de nuestro país la imposibilidad para el mismo de un desarrollo independiente a menos que la naturaleza social de Estados Unidos sufra un cambio definitivo. Una cosa no está llamada a traer indudable y forzosamente la otra, pese al sospechoso empeño de Lombardo para que así sea. Descompongamos el párrafo en las diversas partes que lo integran a fin de comprender mejor su mecanismo lógico.

a] Las personas que tienen la actitud a que se refiere Lombardo "otorgan a México el carácter de colonia de Estados Unidos".

b] Aceptan "aunque sea de mala gana" que nuestra suerte depende de Estados Unidos.

c] "De tal modo" hacen radicar la libertad de México en la esperanza de un cambio social "en el interior de la gran potencia del norte".

Repetimos, cualquiera puede lamentarse y considerar una desgracia que México sea vecino de Estados Unidos, pero no es forzoso que de ahí concluya la imposibilidad de que México pueda tener, por ello mismo, un desarrollo independiente sino a condición de que Estados Unidos sea el primero en transformar su régimen social. ¿Cómo es, entonces, que Lombardo lo presenta como una evidencia? Muy sencillo, por medio de la forma viciosa en que está planteado el razonamiento b.

Ciertas personas aceptan, "aunque sea de mala gana" un hecho que aceptan de todos modos, de mala o de buena gana, puesto que es un hecho que han reconocido previamente: la dependencia de México respecto a Estados Unidos. Si esas personas consideran que México es una colonia de Estados Unidos, no pueden menos de admitir —a menos que no estén en sus cabales— que tal situación implica una forzosa, obligada dependencia de México hacia Estados Unidos. ¿Qué importa aquí la gana con que reconozcan esta circunstancia? ¿No es un absurdo mencionar esa reserva de la "mala gana"? Sí, es un absurdo, pero que tiende a sustentar la conclusión que le sigue, o sea la de que, "de tal modo", dichas personas remiten todo a una transformación de Estados Unidos. El resorte que permite obtener este resultado está en la frase cuya apariencia es la más inocente e inocua, pero cuya formulación no puede ser más mañosa, o sea la que "aceptan aunque sea de mala gana, que nuestro país depende. . .", etcétera. Lo mañoso, lo tramposo de esta frase radica en la simple colocación del adversativo *aunque*. Lombardo no admite que México sea considerado como una colonia de Norteamérica; correcto. Pero al mismo tiempo acepta que nuestro país tiene una cierta dependencia en relación con Estados Unidos. Igualmente correcto. ¿Qué hará Lombardo para distinguirse de aquellos que aceptan el mismo hecho —la dependencia hacia Estados Unidos— y que deducen de ahí la imposibilidad de un desarrollo independiente de México? Lombardo, como quien saca un conejo del sombrero, tendrá que sacar su maravilloso adversativo *aunque*. Las personas que aceptan que existe una dependencia de México hacia Estados Unidos —en lo que no difieren de Lombardo— se ven forzadas, mediante ese *aunque* a sacar una conclusión que sin el *aunque* no hubiera estado comprendida en sus intenciones. Como tienen que aceptar un absurdo lógico, es decir, el absurdo de que exista una relación de causa a efecto entre la dependencia de México hacia Norteamérica y la imposibilidad de que nuestro país se libere del imperialismo sin una transformación social previa de los propios Estados Unidos, entonces tienen que aceptar este absurdo, *aunque* vaya en contra de toda razón, y el que lo acepten de mala o de buena gana resulta ya por completo secundario, *aunque* Lombardo lo haya escrito. Lo vicioso de la formulación de Lombardo se advierte incluso en la cautela con que evita presentar, como acotación propia, el que la pretendida imposibilidad de un desarrollo independiente de México aparezca como una *consecuencia* del carácter dependiente del país respecto a Estados Unidos. Cuando atribuye esta actitud a las personas que inventa para sustentarla, usa la locución "de tal modo", que no lo compromete, en lugar de la que se imponía conforme a la lógica del discurso, que era la de "y en consecuencia" ("[...] y aceptan, aunque sea de mala gana, que nuestra suerte dependa de ellos, *de tal modo* que es necesario esperar", etcétera). Como se ve, cuando se trata de analizar los escritos y las posiciones de Lombardo hay que estar muy prevenido hacia las sutilezas del abogado prestidigitador, que nunca resiste a la maligna tentación de poner en juego las más inadvertidas chicanas.

VIII

Ahora bien. ¿Qué es lo que se propone Lombardo con esta última parte del párrafo que comentamos y que, evidentemente, constituye una premisa importantísima para sus razonamientos ulteriores?

Lombardo se propone —mucho menos que refutar la actitud, tan deleznable en sí misma, que describe— fortalecer sus propias opiniones en proporción inversa a la debilidad, inconsistencia, puerilidad, cretinismo, del fantasma que ha inventado a su gusto para hacerlo polvo también a su gusto. De aquí en adelante Lombardo se dedicará a construir su propia posición política sobre la base de lo erróneo que sería deducir una táctica a partir de la "desgracia" que padece México en su condición de vecino geográfico de Estados Unidos. En esta forma cree Lombardo poner a salvo de toda crítica el bien pertrechado sistema lógico con que apuntala la escandalosamente oportunista política pequeñoburguesa —más allá todavía (o más bajo si se quiere) del reformismo socialdemócrata— que sustenta en materia electoral.

He aquí algunas de las novísimas variantes, que con sólo luchar contra la falsa teoría de nuestra "desgracia geográfica", ha descubierto Lombardo Toledano respecto a la reciente benignidad del imperialismo norteamericano.

La proximidad física de Estados Unidos no desempeña ningún papel en la política imperialista de ese país, según Lombardo, pues el imperialismo —fenómeno que se caracteriza por la exportación de capitales— no es una cuestión geográfica, sino económica. Corea y el Medio Oriente se encuentran muy lejos de Estados Unidos y, "sin embargo, en esas regiones es en donde ha librado y sigue realizando el imperialismo yanqui las batallas armadas y políticas más grandes de los últimos años". La época de las conquistas y atropellos imperialistas ha pasado a la historia en nuestros días y el poder del imperialismo se ha limitado. El Canadá, a causa de la inversión de capitales norteamericanos en su territorio, durante la segunda guerra mundial, se convirtió en "uno de los principales países industriales del mundo" y ahora, en virtud de un vigoroso movimiento de unidad nacional, ha podido rechazar la intervención del gobierno de la Casa Blanca, lo cual éste no ha podido menos que aceptar. Finalmente, hasta el propio *New York Times* ha censurado la agresión yanqui a Guatemala afirmando que "otra victoria" como la que significó el derrocamiento de Arbenz, y Estados Unidos pierde "a la América Latina para siempre".

Como puede verse, Lombardo, "fiel a su espejo diario", no abandona el método de combinar un determinado principio válido y exacto con ciertas consecuencias que no le corresponden pero que *parecen* derivarse directamente del principio y adquieren así el carácter de verdades demostradas. Es evidente que la acción imperialista no está condicionada por la proximidad geográfica del país imperialista de que se trate, puesto que fundamentalmente el imperialismo es un fenómeno económico. Pero de ahí concluye Vicente Lombardo afirmaciones que no pueden ser más peregrinas, como la de que la política imperialista se vuelve más agresiva mientras más lejos se encuentra su objetivo (como lo demostrarían Corea y el Medio Oriente); que por el contrario, la vecindad de Estados Unidos facilita la industrialización del país vecino (el Canadá se transformó en uno de los principales países industriales, en virtud de la "exportación de capitales" norteamericanos a su territorio, con lo que el imperialismo no sólo ya no resulta agresivo, sino hasta progresista); y por último, en el colmo del delirio oportunista: que, en demostración de todo lo anterior "y a raíz del derrocamiento del gobierno constitucional de Guatemala", el propio *New York Times* tuvo que verse obligado a reconocer que otra "victoria" como aquélla y Estados Unidos perdería para siempre a América Latina, con lo cual Vicente Lombardo trata de absolver a Washington por el crimen de Guatemala y al mismo tiempo —haciendo el desventurado y lamentable papel de "ofrecido"— deslizar la promesa —¿a nombre de quién?— de que el atentado no volverá a repetirse.

Lo que antecede no puede considerarse de otro modo que como una franca tendencia a "dulcificar" la política del imperialismo norteamericano con el fin de inducir a las fuerzas progresistas —de las que Lombardo pretende ser un representante— a que "bajen la guardia" frente a la ofensiva del capital extranjero. Pero no se trata solamente de esto. El folleto de Lombardo, mucho más que a las masas, está dirigido al futuro gobierno y al futuro presidente, a fin de tranquilizarlos respecto a que por el lado de "la lucha contra el imperialismo" no tendrán escollos, dificultades ni problemas, pues ni Lombardo ni quienes lo siguen presentarán exigencias, ni tratarán de que el país se lance a "saltos mortales" o pretenda "salvar las etapas". Lombardo deja en manos del gobierno, del modo más absoluto y con la más ciega de las confianzas, la iniciativa en la lucha por el desenvolvimiento independiente de México, en la forma que el gobierno quiera y como le plazca conducir o dejar de conducir esta lucha, sin otra garantía que la aceptación formal de un programa que no podrá tener siquiera el valor del papel en que está impreso, pues Lombardo se cuida muy bien de no invocar ninguna fuerza social capaz de imponerlo, aun cuando fuese a despecho o francamente en contra del futuro gobierno de la República.

> Dentro de esta situación —dice Lombardo refiriéndose a la situación mundial en que se encuentra el imperialismo— la fuerza del gobierno de Estados Unidos, como factor decisivo para determinar la vida de las naciones, grandes o pequeñas, es una fuerza limitada, debido a las múltiples contradicciones que definen al mundo de nuestros días. De estas contradicciones se valen los gobiernos que en verdad representan y defienden a su pueblo, para avanzar por su propia ruta.

Es decir, conforme al párrafo anterior y después de afirmar que la fuerza del imperialismo es "limitada" (como si pudiera existir alguna fuerza absoluta, una fuerza sin límites), la perspectiva única que se ofrece a los pueblos —al nuestro en concreto— para avanzar por "su propia ruta", la única perspectiva que ofrece Lombardo Toledano, es aquella que consistiría en aprovechar "las múltiples contradicciones que definen al mundo de nuestros días" y aun este aprovechamiento reducido a la acción de "los gobiernos". La finalidad de este párrafo es tan clara que casi no requiere que se la explique. Cuando "los gobiernos" —léase el futuro gobierno de México— "en realidad representan y defienden a su pueblo", entonces "se valen" de las "múltiples contradicciones que definen al mundo de nuestros días" (o sea las contradicciones interimperialistas, la rivalidad entre las potencias respecto a los mercados, la lucha por las "zonas de influencia" y demás) para conducir a sus países por una vía de desarrollo independiente. De aquí se deduce que México puede echarse a descansar sin la menor preocupación o inquietud por su futuro, porque Lombardo ha reducido el problema de la lucha contra el imperialismo, de la defensa de la autonomía del país y del desarrollo independiente de la nacionalidad, a sus proporciones más simples y "cómodas", en relación con las cuales el pueblo no tiene por qué molestarse en desempeñar ningún papel: ¡basta con que el gobierno sepa "valerse" de las contradicciones en que se debate el "limitado" imperialismo de nuestros días! El futuro presidente de los Estados Unidos Mexicanos debiera dar las gracias a Lombardo por lo poco exigente que se muestra el viejo líder ex marxista, en cuan o a lo que el país espera del gobierno próximo. Resulta tan poca cosa para un gobierno que "en verdad representará y defenderá a su pueblo", y algo, por lo demás, tan carente de originalidad, que hasta el anciano dictador reaccionario Porfirio Díaz ya lo contaba entre las piedras angulares de su política, al tratar de apoyarse en los capitales europeos para contrarrestar la influencia del capital norteamericano. Así que Lombardo Toledano no ha hecho sino descubrir el Lago de Texcoco, y *El príncipe* de Maquiavelo que soñara haber emulado con su servicial y obsecuente folleto, no vino sino a resultar el zarrapastroso y risible "enano del tapanco" de que nos habla el cuento popular.

Cuando considera uno la actitud de Lombardo un poco en perspectiva y a la luz del pasado de este hombre, que pudo haber tenido tan alta significación en la historia de México, no puede uno menos de pensar que Lombardo atraviesa una verdadera crisis de angustiosa desesperación política, tan aguda, que ya no vacila en chamarilear del modo más grosero con el último jirón que le queda de su antiguo honor revolucionario. Y bien, ¿a cambio de qué? A cambio de que lo usen, por misericordia; a cambio de que el futuro gobierno se sirva de él y de sus buenos oficios durante el sexenio, o durante "una etapa más larga", de ser posible. "Los grandes hombres —dice Lombardo con la desenfadada modestia de un viejo servidor enterado de las intimidades de la casa, aludiendo al próximo presidente de la República a quien no vacila en llamar desde ahora grande hombre— desean siempre grandes colaboradores. Los que padecen el complejo de inferioridad se rodean siempre de mediocres." ¡Elocuente advertencia y no menos elocuente invitación a que lo inviten! ¡Una "dejada" de a peso, en el taxi del oportunismo, al palacio nacional!

No obstante, en la actitud de Lombardo hay un aspecto positivo que debe reconocérsele sin regateos. Este lado positivo, que despeja para siempre una incógnita fastidiosa, es el de que Lombardo, con una desenvoltura, cierto, que los recalcitrantes llamarían cinismo, pero de un modo abierto y más o menos claro por fin, abandona en forma expresa el punto de vista de la clase obrera y liquida así, en definitiva, el estorboso mito de su marxismo. Nadie con mayor entusiasmo que nosotros, los marxistas, podrá agradecer a Lombardo, en la forma más sincera y efusiva, este noble gesto de desprendimiento. Pero analicemos en qué consiste, ya que a este noble gesto tampoco le falta su correspondiente ración de "teoría".

Al enunciar su posición en la campaña electoral, Lombardo sostuvo la consigna de "un candidato único con un programa único", y las que siguen son sus palabras respecto a los lineamientos de este último:

> Ese programa no ha de ser exclusivamente el programa de los hombres que se hallan en el poder —escribe Lombardo en otra parte del folleto que hemos venido comentando—, sino de todos los sectores democráticos y patrióticos, desde la clase obrera hasta la burguesía industrial nacionalista, para que cuente con el apoyo decidido y entusiasta de la gran mayoría del pueblo. Porque lo que se juega en las elecciones de 1958, *no es el triunfo de un partido político o de varios, o el interés de una clase o de varios sectores sociales, sino la suerte de la nación*, la posibilidad de progresar con independencia, aspiración suprema que no puede realizar el gobierno solo, por más eficaz que se le imagine, sino que debe ser la obra de todos los elementos progresistas de México. [Las cursivas son mías, J. R.]

Pongamos de relieve en el párrafo transcrito, dos hechos capitales: 1] que Lombardo se coloca en el punto de vista (correcto) de una política de frente nacional; y 2] pero que al mismo tiempo remite la necesidad de esta política a la "suerte de la nación" y no al "triunfo de un partido político o de varios", ni al "interés de una clase o de varios sectores sociales". Es decir, que Lombardo enfoca obviamente la política de frente nacional, no desde el punto de vista de la clase obrera, sino desde el punto de vista de "la suerte de la nación entera". Esta conclusión de Lombardo ha necesitado de una premisa teórica, que el propio Lombardo expresa más arriba en los siguientes términos:

> El capitalismo en nuestro país —dice— no surge ni se desenvuelve en la misma forma en que ese proceso ocurrió en Europa y en Estados Unidos. No es un capitalismo que crea y consolida el poder económico y político de la burguesía nacional, sino un capitalismo interferido por la gran burguesía extranjera, que llegó hace tiempo al periodo del imperialismo, de la exportación de capitales. Por tal causa el desarrollo del capitalismo en México tiene un profundo sentido nacional, antimperialista, particularmente en las diversas ramas de la industria de transformación y del comercio dedicado al mercado doméstico.

Aquí Lombardo vuelve a hacer trampas, pese a que cada vez las hace con menos habilidad. Su técnica, como hemos visto, consiste en mezclar —ahora ya de un modo bastante burdo y sin la antigua brillantez de sus deslumbrantes sofismas de otros tiempos— conceptos de diferentes categorías, donde lo falso parece estar condicionado por lo verdadero y ser de este modo su consecuencia lógica. Examinemos el párrafo anterior a la luz de la técnica puesta en uso por Lombardo:

a] "El capitalismo en nuestro país no surge ni se desenvuelve en la misma forma en que ese proceso ocurrió en Europa y en Estados Unidos."

b] "No es un capitalismo [el de México] que crea y consolida el poder económico y político de la burguesía nacional [. . .]"

c] "[. . .] sino un capitalismo interferido por la gran burguesía extranjera", etcétera.

d] "Por tal causa, el desarrollo del capitalismo en México tiene un profundo sentido nacional, antimperialista", etcétera.

Lombardo comienza por enunciar una afirmación justa, o sea la de que el capitalismo en nuestro país no se desarrolla en la misma forma como lo hizo en Europa y Estados Unidos. Esta afirmación es, desde luego, inobjetable.

Pero continuemos. Si el capitalismo en México no se ha desenvuelto en la misma forma como lo ha hecho en los países que ahora están convertidos en potencias imperialistas —puesto que, de haber sido así, México también se habría transformado en una potencia imperialista, en caso de que un tal señor Carlos Marx no nos haya engañado con su descubrimiento de las leyes del desarrollo de la sociedad—, si esto no ha sido así, repetimos, de cualquier modo el capitalismo debe haber adoptado alguna forma concreta de desarrollarse en México. Sin embargo, es de creerse que, por más peculiar que haya sido tal forma de desarrollo, no pudo haber sido, con todo, una forma al margen de las leyes universales que rigen la aparición y desenvolvimiento del capitalismo en general. Nadie que esté en su sano juicio puede negar lo anterior. Nadie, excepto Vicente Lombardo Toledano.

Porque resulta que en el bienaventurado México, país de privilegio y único sobre la superficie del globo terrestre, el capitalismo no "crea y consolida el poder económico y político de la burguesía nacional". ¿Qué es lo que crea, entonces? No lo sabemos, ni tampoco Lombardo se toma el trabajo de decírnoslo.

Sin embargo, éste no es un juego. Aquí es donde realmente se encuentra el gato escondido con la cola oportunista de fuera. Si a la noción de que en nuestro país el capitalismo "no crea y consolida el poder económico y político de la burguesía nacional", añadimos la de que "el desarrollo del capitalismo en México tiene un profundo sentido nacional, antimperialista [. . .]" y demás yerbas estupefacientes con que Lombardo trata de perturbar la conciencia de la clase obrera, la conclusión no puede ser más clara: la clase obrera y el país entero deben abandonarse en manos de esta burguesía revolucionaria y antimperialista hasta el fin. He aquí la cola oportunista del "gato teórico" de Vicente Lombardo. Es fácil colegir lo que después se seguirá: apoyo al candidato del PRI y enajenamiento absoluto del movimiento revolucionario en las manos del futuro gobierno, propósito en que sin duda Lombardo empeñará sus mejores energías.

Como piadoso epitafio en memoria de Vicente Lombardo que desaparece para siempre del campo marxista donde, en virtud de un verdadero fenómeno contra natura, llegó a figurar de un modo relevante, habrá que recordar las palabras que pronunciara el 5 de abril de 1955 —¡hace apenas dos años!— en el consejo del Partido Popular. Son éstas:

> La burguesía que ha gobernado a México en los últimos años —burguesía parasitaria aliada al imperialismo norteamericano— no debe continuar al frente de los destinos de nuestra patria [. . .] Nosotros postulamos como un nuevo régimen político para México, la democracia del pueblo [. . .] Un gobierno integrado por obreros, burgueses y pequeñoburgueses de la

ciudad y el campo, que sea insobornable por la reacción y el imperialismo, bajo la dirección de la clase obrera [...]

¡Olvide usted, ciudadano futuro presidente de la República, estas imprudentes palabras de Vicente Lombardo Toledano que en modo alguno —podemos jurarlo— están dichas con el corazón!

IX

Después de lo que llevamos expuesto resulta mucho más que obvio afirmar que el régimen imperante y la política del gobierno, han obtenido una de sus más rotundas, hábiles y al mismo tiempo insolentes victorias, antes siquiera de que se llegue a eso que nuestra cursilería electoral llama, en sobado lenguaje, la "justa electoral". Una victoria que consiste, ante todo y en primer lugar, en haber logrado *imponer la imposición*; es decir, el haber logrado que todos acepten, a querer o sin ganas, el principio de que la actual clase gobernante es la única que tiene derecho y la fuerza para seguir gobernando al país.

Lo más curioso de todo, no obstante, continúa siendo que tal victoria la haya obtenido el régimen de acuerdo con sus "adversarios", sin que pueda hablarse, en rigor, de que haya habido un "tongo", de que fuese una pelea "arreglada". No hubo *tongo,* cierto, pero porque tampoco hubo pelea —nos referimos a la pelea ciudadana que se libra en una democracia "occidental", no al estira y afloja interno del grupo gobernante—, y ya hemos visto qué triste pelea ofrecieron el PAN y Vicente Lombardo. El PAN ha andado por ahí, "haciéndose como que la Virgen le habla" y de Lombardo mejor ya no hay que hablar más. Quedan el PARM, el PNM y los llamados cardenistas, esa Iglesia sin Papa: todos se han sometido a la política gubernamental, nadie ha querido ofrecer una resistencia a fondo. No; no hubo pelea; pero sí hubo "programismo", y programismo radical, "avanzado", por parte de algunos sectores. Esto constituyó el reverso cómico, grotesco, de la tragedia como siempre ocurre. Y precisamente en el "programismo" es donde radica el triunfo del gobierno, que pudo realizar sin contratiempos, y con la anuencia de sus propias "víctimas", esta gran maniobra de "diversión" para la que no es aventurado suponer que incluso se hayan abierto las arcas gubernamentales.

Programas en vez de hombres. Pero ¿es que no estaban esos

hombres —los hombres que representan una fuerza que tal vez aún pudiera entrar en acción— en el lado donde se agita la inconformidad con la política electoral del gobierno? ¿No están ahí gentes como Cárdenas, como Portes Gil, indiscutibles líderes de masas? ¿Acaso no podrían hombres como éstos figurar como candidatos a representantes populares en el seno del Congreso? ¿Existe alguna prohibición constitucional *expresa* que impida a un ex presidente postularse o ser postulado para representar a sus conciudadanos en la Cámara de Senadores o en la de Diputados? La respuesta que se impone a todas estas preguntas es una sola: *por lo pronto no existe en México ninguna fuerza política seria, que en materia electoral,* a] *quiera enfrentársele al gobierno*; b] *quiera, ni mucho menos, derrotarlo*; c] *crea estar o reunir las condiciones para hacerlo*; d] *pretenda romper, en su base, el monopolio político.*

Ésta no es una afirmación subjetiva, sino que caracteriza una realidad evidente, demostrada por los hechos, y la causa de cuya existencia debe ser analizada, por ello, en la misma forma objetiva en que dicha realidad existe.

¿Cuál es esta causa, vista en su raíz sociológica, vista en lo que constituye su base social determinante?

Nada tan útil para darse cuenta de las relaciones internas que existen en una sociedad dada, como el proceso electoral, pues en este proceso se ponen en evidencia siempre, por más engañoso y amañado que sea, la disposición general y las situaciones concretas en que despliegan sus efectivos cada una de las fuerzas sociales en pugna. Como la materia del proceso electoral es la materia misma de las relaciones de las fuerzas sociales (las clases) hacia el Estado, esta convergencia de todas ellas dentro de una materia común, permite, entonces, el examen de las relaciones recíprocas de peso específico, operatividad, ventajas o desventajas tácticas y estratégicas, que existen de una clase para otra, de un grupo a otro de clases, de una clase aislada hacia las demás y de todas entre sí. Las relaciones de clase que se han puesto de relieve mediante el proceso electoral por el que México atraviesa en los momentos actuales, arrojan un saldo decisivo a favor de la clase gobernante del país: en el presente, y tomando en cuenta el grado de desarrollo económico y de otra índole a que ha llegado dicha clase dirigente —que ya constituye algo más que la "familia revolucionaria"— *no hay ninguna clase que se encuentre en condiciones inmediatas de poder hacerle concurrencia política.*

La causa de esto radica en la circunstancia histórica de que la clase dominante en el país, la clase que ejerce el poder económico y político en México —no sólo la que tiene sus representantes dentro del gobierno, sino la que lleva en sus manos las riendas del poder en su conjunto, desde fuera del gobierno—, es decir, la burguesía, integrada por industriales, terratenientes, capitalistas, financieros, negociantes en el mercado de importaciones y exportaciones, agricultores beneficiarios de los sistemas de riego gubernamentales, en suma, la *clase poseyente*, ha entrado en su franco proceso de consolidación. *Esta consolidación de la burguesía mexicana —que no marcha al parejo*, sin embargo, y esto es muy importante hacerlo notar, *del desenvolvimiento económico independiente del país*— ha tenido la virtud de neutralizar las contradicciones internas de la propia burguesía y de convertir a ésta, junto con su gobierno, en la clase dirigente única de todas las demás clases, incluso, desgraciadamente, la clase obrera. Por ello la burguesía ya no se siente obligada a aceptar la concurrencia política de las clases no dominantes, el proletariado, los campesinos, la pequeña burguesía, y se limita a dominarlas al mismo tiempo que se apoya en ellas.

La única clase llamada a hacerle al "gobierno revolucionario" una *concurrencia política*, es aquella que también viene a ser la única que puede hacerle la *concurrencia económica* a las clases poseyentes que el gobierno y su partido de Estado representan. Ésta es la clase no poseyente, la clase "desposeída", o sea la clase obrera, cuya fuerza radica en que, con sólo retirarse del mercado de la fuerza de trabajo mediante la huelga, paraliza el proceso de la producción, la conciencia de lo cual puede permitirle el arrebatar a las clases poseyentes la hegemonía y destruir con ello el monopolio político.

Sin embargo, éste no es un proceso simplista ni mecánico. El solo ejercicio de la huelga y de otras luchas económicas, no tendrá la virtud, por sí mismo, de promover la formación de una conciencia de clase independiente en la mente de la clase obrera. Sólo a través de su propio partido la clase obrera tendrá una noción completa del papel que desempeña en la sociedad y los fines que está destinada a cumplir. Así que el problema de su concurrencia política y de su consiguiente lucha por la hegemonía social, incluso para ponerse a la cabeza de los sectores de la burguesía que aceptaran seguirla, se plantea ante todo, de inmediato, como el problema de conquistar su independencia. La independencia de no importa qué clase, sólo puede manifestarse en la acción; así que este problema es de orden eminentemente práctico. A través de su partido —la extrema izquierda marxista unida dentro de un todo histórico— la clase obrera desempeñará muy pronto el papel de oposición revolucionaria que los sectores vacilantes de la burguesía de izquierda se negaron a jugar en la presente lucha política. Estos sectores de burguesía de izquierdas —para darles una caracterización provisional— no tendrán otra perspectiva, tarde o temprano, que aquella que les ofrezca la propia clase obrera, a la cual se verán en la imperiosa necesidad de seguir a medida en que la vida se les vaya haciendo imposible dentro de la esfera de la clase gobernante. El partido de la clase obrera, por su parte, dentro de las condiciones en que se desenvolverá el futuro inmediato del país —sobre la base del aplastante triunfo de la burguesía— será el único partido que, en realidad, pueda desempeñar el papel de avanzada democrática. En el pasado la extrema izquierda marxista, en México, se ha caracterizado por sus oscilaciones pendulares, de un extremo a otro, en relación con la política que debía trazarse respecto al gobierno. El "apoyo condicional" que la extrema izquierda prestaba a los "gobiernos progresistas", concluía siempre por convertirse en una entrega incondicional. La actitud a que los acontecimientos conducirán a la "extrema izquierda", será sin duda la de desempeñar el papel de *oposición condicional* al gobierno, lo que no querrá decir, de ningún modo, oposición sistemática. Ésta es, cuando menos, la perspectiva más visible e inmediata que se le ofrece al partido de la clase obrera para iniciar el rescate de ésta del dominio y la influencia de la clase dominante y el gobierno, lo cual será un servicio prestado a la causa de establecer en México una auténtica democracia.

X

Del cuadro que ofrece la situación política en México es fácil deducir el por qué de la aparentemente insólita sumisión de todas las fuerzas —si se exceptúa a dos partidos de la izquierda, el comunista y el obrero-campesino, cuya influencia es, por lo pronto, casi nula— ante la imposición electoral, y también el por qué ninguna de tales fuerzas políticas puede, ni está dispuesta, a tomar el toro por los cuernos de un juego tan estéril, hoy por hoy, como sería el tratar de hacerle la concurrencia a la maquinaria electoral del régimen.

Porque no se trataría de luchar contra las apariencias exteriores con que se manifiesta la "democracia mexicana", sino de atacar directamente la realidad interna de la clase gobernante, de la propia burguesía como clase, la esencia de cuya política electoral es el refrendo permanente de su mandato en el ejercicio del poder, propósito del que no pueden sino sentirse fuertemente solidarias todas las fuerzas políticas que, a causa de eso precisamente y no porque tuviesen menos descontento contra el régimen, se vieron en la situación de capitular.

La imposición, el fraude, los chanchullos, en suma, todo lo que constituye las apariencias exteriores de la política electoral, no son otra cosa que el reflejo secundario de una realidad interior, que es la que verdaderamente importa y donde está el resorte del mecanismo con que se mueve el conjunto de toda la complicada tramoya.

Es a esta *realidad interna, material*, no visible, de la clase gobernante y no a la realidad metafísica que el hombre de la calle, el ciudadano común quisiera hacer material y tangible, de una "verdadera democracia", que no existe en México pero de la que siempre se llamará "a robado", a la que obedecen el tapadismo, la imposición y demás chicanas de la política mexicana. No se pueden eliminar éstos, en consecuencia, sin transformar aquélla, y de aquí lo ilusorias y demagógicas que resultan esas reivindicaciones "democráticas" que pasan por alto o tratan de ignorar el contenido de clase que se esconde tras de nuestro viciado sistema político.

La política gubernamental ha vencido ya desde ahora, por las causas apuntadas, en la cuestión de las elecciones presidenciales venideras. En estas circunstancias, en realidad, ya nada importa, en sí mismo, el hombre que ocupará el cargo del poder ejecutivo. Este hombre, López Mateos, no es un ser subjetivo, sino un hecho objetivo, social, que merecerá el aplauso o la censura del pueblo *según pueda y logre desempeñarse en su alto cargo*. Su objetivización como presidente de la República es un hecho separado de su propia persona, ajeno a él como voluntad subjetiva que no podrá obrar sino en combinación con las circunstancias y factores cuyo poder actúa por sí mismo y ofreciendo un margen relativo a la realización de las intenciones del hombre-presidente. Cuando el ser humano se objetiviza en lo que sea, en el político, en el artista, en el escritor, al mismo tiempo se enajena a esa objetivización y en adelante deberá servirla.

El programa de gobierno para el sexenio venidero será, en la práctica, el que mejor se acomode a los intereses de una burguesía consolidada, próspera y desenfadadamente segura de su poder. Los políticos ingenuos —y otros no tan ingenuos— que se apresuraron, solícitos, a presentar sus programas, tendrán que guardar éstos para cuando se presente un nuevo circo donde ellos puedan desempeñar algún papel.

La democracia bárbara de México se ha vuelto a imponer una vez más y tendrá que transcurrir todavía algún tiempo para que pase de tal estado de barbarie al de la civilización. Sin embargo, no hay que culpar a nadie por esto, pues se trata de un hecho histórico, de una "fatalidad" histórica.

México se ha desenvuelto con un retraso enorme en relación con las etapas de desarrollo del régimen social dominante en el mundo: como país feudal cuando el régimen ya se había convertido en capitalista desde mucho tiempo antes, y como país capitalista semicolonial cuando ya el mundo estaba dominado por el imperialismo.

Es de este modo, entonces, como nuestra superestructura jurídica, política, religiosa, filosófica, se coloca en contradicción con nuestra realidad social y económica. La proyección ideológica de esta realidad, así, se expresa en el orden jurídico, político, religioso y demás, con nombres que no le corresponden o incluso son radicalmente opuestos a su naturaleza. La democracia es uno de los conceptos que se encuentran en este caso.

La democracia nos vino a México de la Enciclopedia y los Derechos del Hombre —que representan la ideología de la clase burguesa revolucionaria— cuando en el país no teníamos aún una burguesía, ni lógicamente una industria, con su consecuente concentración de poblaciones y el incremento natural del alfabetismo que sobreviene con ello. En consecuencia, incorporada la democracia a nuestro sistema político, entró en contradicción inmediata con la realidad social y terminó por representar otra cosa muy distinta a lo que se considera convencionalmente como democracia. Fue entonces cuando la realidad mexicana, ese genio de nuestra historia, decidió crear por su cuenta y riesgo las formas nuevas capaces de contener al nuevo fenómeno, y ya no le importó que éste continuara llamándose con el nombre extraño y caprichoso con que sus padrinos europeos lo bautizaran desde antes de nacer en nuestras tierras.

La democracia mexicana de nuestros días, por su parte, nació de una lucha armada que se prolongó durante cerca de diez años, hasta poder instaurar una nueva forma de gobierno, al triunfo de Carranza. Nacía así bajo un signo peculiar. Se había aprobado una Constitución y se trataba de organizar el nuevo Estado. Pero había un Estado que no era el Estado jurídico, y ese Estado no era otro que el pueblo en armas. Se trataba, de este modo, de una "democracia armada" donde el sufragio se ejercía por medio de las carabinas y en lugar de votos se disparaban balazos.

De continuar así las cosas el Estado como tal estaba en el inminente riesgo de desaparecer. El Estado debía encontrar los medios para defenderse, pero esos medios no estaban en la Constitución, insuficiente por sí misma para sostener al Estado, sino fuera de la Constitución y fuera del Estado: estaban en las masas, en los campesinos. El Estado se apresuró a organizarlos pero al hacerlo se transformó a sí mismo en un Estado diferente al que hasta entonces había sido. Los Comités Agrarios, previstos por la ley como los organismos creados para hacer realidad los repartos de tierras a los campesinos, es decir como organismos oficialmente reconocidos por el Estado, al transformarse en agrupaciones de masas se convirtieron de hecho en órganos del poder en el campo, paralelos a los órganos constitucionales. Es así como el Estado se "desdobló" y las masas campesinas comenzaron a compartir, en la práctica, el poder del Estado, si bien éste se cuidó de que no extendieran dicho poder más allá de los límites que les fijaba su circunscripción agraria. El Estado no le tenía miedo a los campesinos —y aún hoy éstos constituyen la base social de sustentación en la que tiene mayor confianza—, a causa del parentesco de clase que existe entre los campesinos y la burguesía. La conciencia de clase de los campesinos no podía ser otra que la misma conciencia burguesa del Estado, y por ende, jamás podría actuar como una fuerza independiente, sino en todo caso siempre bajo la dirección de la burguesía.

No ocurría lo mismo respecto a la clase obrera. La clase obrera en cualquier momento podía convertirse en una fuerza independiente, incluso capaz de arrastrar tras de sí a los campesinos. La preocupación del Estado, en consecuencia, fue la de impedir por todos los medios la independencia de la clase obrera.

El procedimiento para lograrlo ha consistido desde entonces —aparte la represión violenta, llegado el caso— en una especie de vacunación de muy vasto alcance: el gobierno se "identifica" con la clase obrera; apoya las demandas justas de los trabajadores, reprime la voracidad de los patrones, impulsa la legislación social, y aun pretende que se orienta hacia la implantación de un régimen de "justicia distributiva" que sería la forma "mexicana" del socialismo. Este procedimiento es el más caro, pero al mismo tiempo el más eficaz y el que arroja mejores resultados, aunque no pueda aplicarse más allá de ciertos límites. El Estado, así, logró sus propósitos: al *identificarse* el gobierno con la clase obrera ésta se *desidentificaba* consigo misma, perdía la conciencia de clase, olvidaba su propia capacidad y su fuerza para obtener por sí misma sus reivindicaciones, y de este modo abandonaba la perspectiva de una acción independiente.

El Estado mexicano completa su cuadro social con la organización de las masas populares flotantes y consuma su obra maestra con la agrupación de todas esas fuerzas dentro de un partido único de Estado, PNR, PRM, PRI... Así se construye en definitiva nuestra democracia bárbara, este mecanismo *sui generis* del que don Rodrigo de Llano —no sin admiración hacia el virtuosismo de nuestro "genio" nacional— piensa "que no se ha creado hasta ahora en el mundo un artificio tan hábil y cuidadosamente elaborado".

Ésta es, en suma, nuestra realidad, sin supercherías, sin deformaciones idealistas ni metafísicas. Es por demás inquietarse con exceso respecto al porvenir que nuestra "política a la mexicana" depara a la democracia. El curso del proceso electoral tomará su cauce y todas las cosas ocuparán el sitio que les corresponde en este bendito mundo de la política nacional creada para la mayor gloria del partido en el poder.

En sus *Reportajes políticos*, escritos con tranquila objetividad y un realismo desapasionado, muy en consonancia con el propósito de no engañarse respecto a la naturaleza verdadera de los hechos, don Rodrigo de Llano termina por calificar la presente situación política de México remitiéndola directamente y con toda franqueza, al apacible desenlace a que la conducen los factores económicos que la inspiran. Dice don Rodrigo en su artículo final de la serie que publicó *Excélsior*:

> La posición de México en esta hora, la firmeza de sus instituciones, el soplo suave y apacible de una prosperidad que alcanza con sus bienes a grandes sectores de la población, la expectativa de un desbordante crecimiento de los recursos económicos, a la sombra de la tranquilidad pública y al amparo de normas que alejen los trastornos monetarios y las angustias contrictoras de los aprietos financieros; todo hace prever un feliz corolario, que sólo podría detenerse si la ofuscación volviese la espalda a las voces razonadas y al intuitivo sentido crítico del pueblo.

No; puede usted estar seguro, don Rodrigo: ninguna ofuscación hará volver a nadie las espaldas en esta muelle aceptación de los hechos consumados... y durante su sueño de justos varones, el "soplo suave" de la prosperidad acariciará las fatigadas sienes de nuestros políticos mexicanos.

México, octubre-noviembre de 1957

ANEXOS[1]

PROPOSICIONES CONCRETAS SOBRE LA CUESTIÓN ELECTORAL EN EL DISTRITO FEDERAL

1. *Lineamiento político general: independencia de la clase obrera e independencia del partido comunista*

A. El principio inconmovible en que debe basarse la actividad del partido en la cuestión electoral ha de ser el de la independencia de la clase obrera y, por ende, del propio partido comunista. Este principio, mucho más que como formulación abstracta, debe tomarse como un hecho práctico que se expresa en las actividades concretas y las acciones de masas que se deriven de las consignas lanzadas por el partido. Las consignas del partido, de este modo, deben tener presente, en todo caso, el problema de la independencia de la clase obrera y no apartarse de esta perspectiva ni por un solo instante. Ahora bien, ¿qué es lo que determina, en términos generales, la independencia de la clase obrera? Aquello que la diferencia, *en la acción*, de las demás clases de la sociedad, y aun de sus aliados. A este respecto son esenciales las siguientes palabras de Lenin: "para impulsar la revolución *hacia adelante*, esto es, más allá del límite hasta el cual la empuja la burguesía monárquica, hay que preconizar activamente, subrayar y colocar en primer plano consignas que 'excluyan' la inconsecuencia de la democracia burguesa".

Analicemos este concepto de Lenin. En el párrafo precedente Lenin da por supuesto que el proletariado y la burguesía marchan juntos en una determinada etapa de la lucha por la "democracia burguesa". Pero la burguesía no va más allá de cierto límite en esta lucha: hay un punto en el que necesariamente se detiene. La tarea del proletariado entonces (para llevar la revolución hacia adelante) consiste en "excluir" la inconsecuencia de la burguesía dentro del marco de la lucha por la democracia burguesa, es decir sin que las consignas del proletariado se salgan de esta lucha.

Se puede "excluir" la inconsecuencia de la burguesía mediante consignas más avanzadas que aquellas que presupone la lucha por la democracia burguesa; pero entonces el proletariado habrá saltado las etapas y se encontrará solo, sin aliados. No habrá excluido de hecho la inconsecuencia de la burguesía, sino que habrá excluido a ésta como aliado suyo. El proletariado, entonces, debe formularse (en esta etapa) las *consignas burguesas consecuentes*, que la burguesía no es capaz de cumplir, aun cuando se trate de consignas que debieran serle propias. Al hacerlas suyas el proletariado arrastra tras de sí a la burguesía (históricamente la obliga a seguirlo) y entonces, en esta forma, conquista la hegemonía, se pone a la cabeza de la democracia burguesa y ejerce, *en la práctica*, su independencia de clase empujando la revolución hacia adelante. En el periodo a que Lenin se refiere existían en Rusia dos corrientes de la burguesía en lo que hace a la lucha por la democracia burguesa: la corriente que representaba la burguesía monárquica y la corriente que representaba la burguesía republicana. En este periodo, lanzar la consigna de "república democrática" significaba para el proletariado "excluir" la inconsecuencia de la democracia burguesa que quería quedarse en la monarquía constitucional. Al colocarse en el punto de las consignas democráticas que la burguesía no quiere realizar, el proletariado anula la inconsecuencia de la burguesía, y ésta se ve obligada a seguirlo, puesto que en ese sentido se encamina el desarrollo histórico y los acontecimientos que la acción del proletariado desencadene, arrastrarán inevitablemente consigo a la burguesía.

B. En la cuestión electoral, en México, el proletariado (es decir, el partido comunista) deberá plantearse aquellas consignas burguesas que la burguesía no quiere realizar o que está incapacitada de realizar, pero que son consignas que están implícitas en el desarrollo histórico. De este modo, el partido será el de la iniciativa y el que arrastre forzosamente las masas tras de sí. Es evidente que el desarrollo histórico de México presupone un perfeccionamiento de la democracia. Sin embargo, la burguesía mexicana en el poder (la llamada "familia revolucionaria") no necesita este perfeccionamiento de la democracia, puesto que la democracia tal como se encuentra en México le basta y le sobra para mantenerse en el poder. En este punto es donde se manifiesta la inconsecuencia de la burguesía, es decir la inconsecuencia de la burguesía en relación con las tareas históricas de la democracia burguesa. Pero el proletariado no es ni puede ser inconsecuente en la lucha por la realización de las tareas históricas de la democracia burguesa. La realización de tales tareas lo beneficia y lo aproxima al cumplimiento de tareas históricas más elevadas. Por eso nuestro partido (aparte las cuestiones programáticas) tiene que formular las consignas electorales específicas que tiendan a depurar, a mejorar, a superar el estado en que se encuentra la democracia en el país, a fin de excluir la inconsecuencia de la burguesía y arrebatarle la iniciativa.

2. *Perspectivas inmediatas y prerrequisitos*

A. Nuestro partido no deberá marchar solo en el cumplimiento de las tareas que se derivan de la línea general expuesta en el parágrafo anterior. Es preciso crear una alianza, o llevar a cabo un pacto de acción común entre el Partido Comunista, el Partido Obrero y Campesino, el Bloque Obrero y las diferentes personalidades marxistas: Ramírez y Ramírez, Narciso Bassols, Santos Bárcenas y otros.

B. Nuestro partido debe citar de inmediato a las entidades y personas señaladas, a fin de constituir la coalición o *alianza interna* de las fuerzas marxistas, que actuará unida y sujeta a una misma plataforma, én el seno del movimiento democrático en general.

C. Constituida esta coalición o alianza de las fuerzas marxistas, ella debe ser la que convoque a la formación del frente democrático electoral. Al efecto deberá invitar a los siguientes partidos y grupos: 1] Partido Popular (en su conjunto y a sus miembros individualmente tomados); 2] los núcleos cardenistas y Cárdenas en particular; 3] grupos obreros y campesinos que se formen como grupos afiliados al frente democrático; 4] industriales progresistas y elementos democráticos como el Círculo de Estudios Mexicanos, grupos de la Cámara de la Industria de Transformación y otras agrupaciones industriales de resistencia.

3. *La consigna central del Frente Democrático deberá ser: "Contra el monopolio político del gobierno en la cuestión electoral y por la implantación de una verdadera democracia"*

La consigna anterior deberá concretarse en consignas parciales de inmediata realización, como las que siguen:

A. Independencia real del poder legislativo.

1] Derecho al registro de candidatos aunque estén postulados por partidos o coaliciones no registrados conforme a la ley electoral; 2] derecho de los ex presidentes a postularse como candidatos a senadores y diputados; 3] derogación de la ley electoral y su sustitución por un simple estatuto que norme el funcionamiento práctico de las elecciones.

4. *Implantación ciudadana, por encima del gobierno, del sufragio efectivo*

A. Llamamiento al pueblo para que se abstenga de votar por el candidato del PRI a la presidencia, sea cual fuere dicho candidato.

B. Campaña de intensa propaganda a favor del voto libre, con el fin de que se instalen —el día de las elecciones o la víspera de las mismas—, a título de protesta ciudadana contra la imposición, "casillas populares", al margen de las casillas oficiales. El recuento de los votos de las "casillas populares" será un referéndum de masas que condene de modo aplastante la política gubernamental. Este movimiento de las "casillas populares" deberá ser organizado por el Frente Democrático como un amplio movimiento de grandes masas, y se hará la declaración pública que no se trata de triunfar en unas elecciones previamente amañadas, sino de protestar justamente contra dichas elecciones y contra un sistema electoral viciado.

C. El Frente Democrático deberá lanzar una segunda consigna central: "hagamos de las elecciones de julio una protesta aplastante contra la imposición: votemos todos en las casillas populares; el resultado será una victoria moral del pueblo, que más adelante se convertirá en una victoria efectiva".

D. Elaborar las instrucciones pormenorizadas respecto a la instalación y funcionamiento de las casillas populares, labor en la cual podrán participar todos los ciudadanos sin distinción de banderías políticas, credos religiosos o partidos a que pertenezcan.

5. *Abandono del PRI por parte de los sindicatos obreros*

El Frente Democrático deberá hacer una intensa campaña a fin de que los sindicatos obreros abandonen las filas del PRI. A este fin deberá promover: 1] resoluciones adoptadas por las asambleas sindicales en tal sentido; 2] resoluciones sindicales en el sentido de que los sindicatos no deberán participar en política electoral.

6. *Implantación del Municipio Libre en el D. F.*

Pacto de lucha por el Municipio Libre, entre el Frente Democrático y todos los partidos independientes.

7. *Celebración de un gran mitin de masas del Frente Democrático*

México, D. F., octubre de 1957

LÓPEZ MATEOS . . . Y ALGO MÁS

La candidatura de López Mateos es el arco de círculo con que se cierra, en consumación perfecta y a su modo magistral, el monopolio político que ejerce la burguesía, tomada como clase, en la vida del país. Conviene insistir en el hecho de que se trata de la burguesía en su condición de clase social, de clase histórica, y que este monopolio no es fortuito sino la realización de un propósito, a su vez histórico, cuyas premisas fueron establecidas desde 1929, a raíz de la más o menos última de nuestras asonadas militares, por uno de los burgueses mexicanos más ejemplarmente conscientes de su clase, el general Calles, al concebir la idea de crear el Partido Nacional Revolucionario. La en otro tiempo "familia revolucionaria" ha entrado en la madurez con López Mateos no tanto por la propia persona de López Mateos, que parece querer jugar al poco serio juego del lopezmateísmo, cuanto porque ahora actúa como un núcleo social unido que coloca por encima de cualquier otra cosa los intereses de su clase. La candidatura de López Mateos, así, no aparece como la de este o aquel sector de la burguesía, sino como la candidatura de la burguesía en su conjunto, cuyo monopolio político interesa conservar, igualmente a los sectores progresistas que a los reaccionarios, así como a toda la gama intermedia que existe entre estos dos.

El lanzamiento de la candidatura de López Mateos y la increíble etapa de anhelante disciplina silenciosa que la precedió en todos los medios políticos sin excluir a los de izquierda y, en forma inexplicable aun para nosotros mismos, tampoco al partido comunista, representa la más espectacular supresión de la libre concurrencia política, primero en el seno mismo de la burguesía y luego en los demás sectores sociales. ¿Cómo fue posible que se produjera este fenómeno extraordinario y cuál era su significado y contenido? Lo ocurrido no puede explicarse en otra forma, por cuanto a la burguesía, que como una neutralización o superación de sus contradicciones internas en virtud de un cambio cualitativo en su valor histórico que se reflejó en la conciencia de su aplastante poder, que adquiría cuerpo, se objetivizaba dramáticamente con la proximidad de las elecciones. Los demás sectores sociales, la pequeña burguesía burocrática, la burocracia sindical, los campesinos, los profesionistas, sólo comprobaban una vez más su falta de independencia —lógica y natural por otra parte— respecto a la burguesía, y la imposibilidad absoluta de obrar por sí mismos. La clase obrera, desmoralizada, desarticulada como clase, no dio señales de vida y su partido, el partido comunista, se comprobaba, en este momento decisivo, como inoperante, el pensamiento en blanco, sin acertar a librarse de la aturdida perplejidad que lo invadía, pese a que en su seno hubo voces que intentaron despertarlo.

De este modo, el conjunto del fenómeno ponía en evidencia, en los términos más contundentes, su significado y contenido reales: el monopolio político se había podido consumar en esa forma absoluta, tanto desde el punto de vista interno de la burguesía, como en el cuadro de la política nacional, porque no era sino la expresión práctica del papel hegemónico que como fuerza dirigente única había terminado por conquistar la propia burguesía. Esto representaba, en efecto, un cambio cualitativo para la burguesía en relación con el pasado inmediato: por primera vez no tenía enemigo al frente, éste era su momento estelar y después de este triunfo cualquier enemigo que intentara enfrentársele ya no podría desempeñar ningún otro papel que el de lamentable comparsa.

Éstos han sido los hechos irrebatibles, verdaderos. El proceso electoral puso al descubierto una correlación de las fuerzas de clase que arroja un saldo absoluto a favor de la burguesía a un extremo de tal naturaleza que lo que cuenta por ahora —y contará durante un tiempo imprevisible— es tan sólo la clase y no sus contradicciones internas. ¿Qué es lo que significa, dentro de este cuadro, caracterizar a López Mateos como el candidato de la "burguesía reaccionaria"? Significa velar, desnaturalizar, falsificar una realidad histórica e indicar a la clase obrera que tienda la mirada en busca de una burguesía progresista que lo ayude, en lugar de señalarle el camino único que es el de la lucha por su independencia.

Ahora sólo existe una burguesía triunfante, considerablemente poderosa y consciente en absoluto de su poder, que no es progresista ni reaccionaria, sino que hará su propia política de clase, a su antojo y conveniencia, por los caminos y con los métodos habituales de la burguesía. Calificar a esta burguesía como reaccionaria o progresista no tiene otro resultado, en cualesquiera de ambos casos, que remachar irresponsable, criminalmente, la mediatización de la clase obrera, confundiendo y oscureciendo aún más su perspectiva histórica, no dejándosela ver, y aun arrojándole tierra a los ojos con esa grotesca monstruosidad política de un candidato independiente que oponer al candidato de la burguesía reaccionaria.

¿Cuál es la política que hará López Mateos? López Mateos no podrá hacer sino la política de clase de la burguesía, es decir una política reaccionaria, progresista, inconsecuente, conciliadora, de compromisos y simulaciones, a la derecha, al centro o a la izquierda, de acuerdo con el carácter de clase de la burguesía, hoy por hoy soberana dentro de su corral político, a causa de que el proletariado no está todavía en condiciones de ejercer su propia acción independiente, en virtud, sobre todo, de que carece de una verdadera conciencia organizada, es decir de una verdadera vanguardia.

López Mateos —como puede verse por la índole de sus discursos— trata de crear el lopezmateísmo aunque el primero que no podrá ser lopezmateísta es el propio López Mateos. Esto no es simple demagogia, sino que tiene un cierto sentido del que es preciso hablar con toda franqueza. López Mateos no hará lopezmateísmo, claro está, pero con esto trata de dar una base de sustentación a las corrientes oportunistas que se manifiestan en la izquierda, incluyendo nuestro partido. Son dos las corrientes oportunistas dentro del movimiento revolucionario en materia electoral: la de derecha y la de izquierda. El oportunismo de derecha está representado por la izquierda del lopezmateísmo —Vicente Lombardo Toledano, Partido Popular, Ramírez y Ramírez— que consideran al propio López Mateos como el "mal menor" o algo semejante que justifique el apoyo que le brindan, y el oportunismo de izquierda está representado por la derecha del partido comunista —la mayoría del comité central— que opone a la "candidatura reaccionaria" de López Mateos la inefable candidatura "independiente" de Mendoza López. Es casi seguro, de acuerdo con las premisas, si éstas se desarrollan en consecuencia, que muy pronto ambas corrientes oportunistas encuentren un herbazal común donde pastar juntas. La derecha de nuestro partido se ha caracterizado por su actitud diversionista, en el curso de la lucha interna, tendiente a evitar una transformación del mismo. Es lógico que esta corriente de derecha se transforme en oportunismo de izquierda en el terreno de la lucha electoral, al tratar de dar forma a sus maniobras diversionistas, entre ellas la del candidato independiente a quien colocan frente a López Mateos como candidato de la "burguesía reaccionaria". Pero hay algo más: "nuestra" derecha necesita con toda el alma dar visos de existencia a la ilusoria política del "frente democrático electoral", que constituye otra de sus maniobras de diversión en la lucha interna. De este modo, los cabos se van juntando. La dirección del partido ya empieza a hablar de la "izquierda" del lopezmateísmo como susceptible de ser atraída al frente único, lo que se expresará, dentro de muy poco, en una consigna semejante a: "con López Mateos no, con la izquierda lopezmateísta sí". El oportunismo derechista de la izquierda de López Mateos, de este modo, podrá contraer honorables nupcias de conveniencia con el oportunismo de izquierda de la mayoría derechista de nuestro comité central. Sólo hay que desearles, con honrada sinceridad: ¡Qué Dios los tome confesados!

SEGUNDA PARTE

ACERCA DE VICENTE LOMBARDO TOLEDANO

LOMBARDO TOLEDANO, NOMBRE DE UN TIEMPO[2]

A Lombardo Toledano le ocurre frente a sus contemporáneos lo que les ha ocurrido a todas las grandes figuras históricas frente a los suyos. Disputadas por la pasión de unos y otros, tales figuras aparecen fragmentariamente expuestas, cuando no falsificadas dolosamente, y se precisan ojos nuevos, miradas nuevas, para que la personalidad se discrimine de las pequeñas eventualidades y aparezca total, íntegra, con todas sus raíces y su proyección al descubierto. Hoy Lombardo no es otra cosa que un campo donde chocan los extremos más radicales del odio y del cariño. Los enemigos quisieran destrozarlo, acabarlo, destruirlo hasta sus últimas partículas; los amigos estarían dispuestos a cambiar sus vidas y las de sus familiares por la suya. ¿Quién es este hombre poderoso, nutrido en lo más profundo de la tierra, capaz de promover reacciones de tal especie? Un hombre así no puede ser otra cosa que un hombre histórico, es decir un hombre que en sí mismo refleja los choques históricos de su tiempo. Por eso es aleccionadora, reconfortante la presencia de Lombardo: nos indica que estamos viviendo, que estamos combatiendo, y que a México —este México en quien muchos mexicanos no tienen fe y a quien consideran en su fuero interno como país inferior— le ha tocado dar esa señal de madurez, de riqueza humana que es el contar con un Lombardo Toledano. Es Lombardo el mejor signo de México, su índice más limpio de vitalidad.

Pero recordemos que los hombres no se dan por accidente, y que todo "hombre histórico" tiene a su vez una "razón histórica" de nacimiento. Lombardo nace en México, interpreta a México y en él se desarrolla, porque en México está su campo de cultivo y el campo de desenvolvimiento de sus extraordinarias dotes personales. Quizá de haber nacido en otro país y en otro tiempo,

Lombardo no pasara de ser solamente un escritor y pensador excepcional; pero el tiempo y el país a que pertenece Lombardo lo han hecho romper esos límites y ser, no sólo un maestro, no sólo un pensador profundo, sino un personaje actuante, un realizador histórico vivo y viviente, que consuma en sí mismo su propio ideal humano: "el hombre digno de su misión en la vida es siempre un acelerador del destino histórico"

Hay que detenerse en estas últimas palabras de Lombardo Toledano para entender y penetrar su ejemplar vocación. Constituirse en un "acelerador del destino histórico", he aquí la tarea inmensa y constructora. Todo lo demás, la profesión concreta, el estudio, la cultura, la actividad pensante, la nutrición física misma y hasta las relaciones personales, subordinarlo a la tarea cósmica y alta; ser un "acelerador", un revolucionador permanente e incansable. Empero, no todas las épocas ni todos los países crean un tipo poderoso de "revolucionador", de "acelerador" del destino histórico. Ha habido épocas amodorradas, mediocres, grises, en que las fuerzas sociales se encuentran como sumergidas en una somnolencia perezosa y estéril. Esas épocas ahogan al "revolucionador", lo aplastan con su indiferencia y su cansancio. Hay, en cambio, otras —la nuestra, donde las transformaciones por venir son las más profundas que ha contemplado la historia humana—, donde la misión de acelerar el proceso histórico se identifica de tal manera con las necesidades mismas de la propia historia, que el hombre actuante, que el ser vivo que entiende de manera cabal su misión, rebasa los límites de su propia persona para convertirse en un signo, en un símbolo, en el nombre de un tiempo.

Lombardo Toledano es el nombre de un tiempo americano. Junto a otros grandes nombres, es el nombre de una época mundial que se llama transición del capitalismo al socialismo, tiempo de la revolución.

De aquí la pluralidad, la intensidad de contenido que existe en el nombre de maestro que se da a Lombardo Toledano. Maestro, no de filosofía, que también lo es; maestro, no de sociología, que también lo es; maestro, no de derecho, que también lo es. Maestro de lo más importante, de lo más esencial: maestro de los mejores caminos hacia la dignidad del hombre, de los mejores caminos hacia la fecundidad del hombre, de los mejores caminos hacia la armonía y la plenitud del hombre.

¿Cómo ha sido posible, desde el punto de vista del desarrollo personal, digamos, el que Lombardo Toledano haya arribado a esa categoría de "hombre histórico", despersonalizado, de acelerador del devenir, que es? Uno de los representantes de la decadencia mental y de la senectud anímica en el campo de la filosofía, Antonio Caso, comentaba con mal contenida amargura que Lombardo Toledano "es el único caso que registra la historia de las ideas en México, de conversión de un espiritualista y moralista cristiano, al materialismo crudo de los marxistas". Cuando Caso escribió estas palabras no pudo comprender que estaba extendiendo el certificado de defunción del espiritualismo. La quiebra de Lombardo con el espiritualismo, no fue sólo un signo de madurez ideológica del propio Lombardo, sino un signo de madurez del mismo México, que con Lombardo ganaba uno de los exponentes modernos más vigorosos y combativos del materialismo dialéctico. Al romper Lombardo con el espiritualismo indicaba que México quería encontrar otros caminos para explicarse, para encontrarse, de la misma manera que cuando Gabino Barreda introdujo el positivismo, México justamente deseaba una nueva forma de combatir y nuevas armas ideológicas, filosóficas, para hacer frente a sus tareas de integración nacional.

¿En qué radican la fuerza, el poder de Vicente Lombardo Toledano? Los pobres e imbéciles reaccionarios están dispuestos a creer que Lombardo está asistido por entidades sobrenaturales. Todos los días lo atacan, lo zahieren, lo calumnian, lo escarnecen y sin embargo Lombardo está allí, sin abatirse, sin caer. ¿Dónde está su fuerza?, pregúntanse consternados, ¿quién lo apoya?

Hay, en efecto, un cierto poder "sobrenatural" que otorga su validez y su vigencia a Lombardo Toledano: este poder es la historia. Pero Lombardo Toledano no hubiese llegado a formar parte de la historia, no hubiese llegado a ser un creador histórico, si él mismo no condiciona su mentalidad y sus ideas para el cumplimiento de la gran misión que tiene encomendada. Como espiritualista o como cristiano, Lombardo Toledano no sería el hombre que es hoy. Sus convicciones materialistas, marxistas-leninistas, son las que le dan ese poder de colocarse a la altura de los acontecimientos históricos. "El problema de nuestro tiempo —escribió Vicente Lombardo Toledano en sus *Apostillas sobre Platón*— es el de saber si lo que es puede conservarse o debe necesariamente ser sustituido por otra realidad que surge del mismo ser." "La teoría del ser permanente —continuaba— es la lógica del mundo estático. La teoría del ser y del no ser, como entidades coexistentes, es la lógica del mundo en movimiento. La lógica de lo estático es la explicación de la naturaleza y de la historia sin contradicciones. La lógica del movimiento es la explicación de la naturaleza y de la historia que discurren, resolviendo innumerables antinomias." Entre ambas formas de explicarse el mundo exterior, Lombardo eligió la segunda: la que plantea, no la aceptación pasiva de una realidad inmutable, sino el reto valiente y agresivo de una realidad en continuo estado de cambio. Su filosofía no se contentó con explicarse el universo, sino que quiso transformarlo. Su filosofía no se detuvo en la especulación mental, sino que irrumpió hacia la vida, con juvenil pujanza revolucionaria.

Lombardo Toledano es un intelectual que desprecia la "razón abstracta", es decir aquella que no comprueba las creaciones del pensamiento con la realidad. Pero a Lombardo no le basta esta comprobación. Él no sólo desea que el pensamiento se compruebe e identifique con la realidad, sino que el pensamiento influya sobre esa misma realidad. De esta suerte crea un "pensamiento mexicano", una interpretación de la realidad mexicana, que no solamente coincide con esa realidad, sino que pretende transformarla. Logra Lombardo Toledano así, como intelectual, dignificar el pensamiento, al revés de los otros intelectuales que lo esterilizan y prostituyen. "La *razón viva* —afirma— no se detiene ante las antinomias, porque sigue el curso de las contradicciones inherentes a la naturaleza y sabe que su tarea consiste en conocer la unidad superior que deben producir las opuestas."

Esta "razón viva" es la fuerza de Lombardo. Esta razón viva es su porvenir. Es, también, el porvenir y la esperanza de México.

EL PROBLEMA DE LA VANGUARDIA PROLETARIA Y LA "UNIFICACIÓN" DEL MARXISMO EN MÉXICO[3]

Para proponer correctamente en México el problema de la dirección política de la clase obrera y de las masas populares, es preciso ante todo plantearse la cuestión de si, en nuestros días, después de algunos años de disuelta la Internacional Comunista y cuando apenas ha terminado la segunda guerra mundial, continúa siendo válida —y teórica y prácticamente justa— la teoría leninista de la vanguardia proletaria. El simple planteamiento de esta cuestión parecería ocioso en otro país que no sea México o en otro continente que no sea América. Mas, para nuestro país y nuestro hemisferio no sólo no es bizantino ni ocioso tal planteamiento, sino vital, decisivo y de una extraordinaria importancia práctica. El que así sea se lo debemos *agradecer* a quienes les tocó desempeñar el papel de revisionistas del marxismo en esta segunda guerra mundial, desde Earl Browder en el norte hasta Codovila en el sur, pasando por algunos dirigentes del Partido Comunista Cubano y, desde luego, del partido que con ese nombre funciona en México. ¿No fue Browder en Estados Unidos quien intentó desbravar y liquidar al Partido Comunista Norteamericano tratando de convertirlo en una asociación inocua de amigos del imperialismo, bajo el rubro de crear un partido de "nuevo tipo" so pretexto de que el propio capital monopolista yanqui también se había transformado en un "capital de nuevo tipo"? ¿No fueron los señores de la dirección del Partido Comunista Mexicano quienes borraron de su léxico el lema con que finaliza el *Manifiesto* de Marx y Engels para suplantarlo torpe e ignorantemente por el de "proletarios de México, uníos", so pretexto de aproximarse a la "realidad mexicana", realidad que por otra parte y de paso confunden, digamos, con la realidad de Shangri-la? "Por sus frutos los conoceréis", dice la Biblia. A ellos, entonces, a los revisionistas del marxismo, les debemos el que pueda siquiera formularse, como sujeto a discusión, el problema de si es justa o no la teoría de Lenin sobre el partido de clase del proletariado.

Lenin se apoyó en las concepciones de Marx y Engels sobre la sociedad dividida en clases y la consiguiente lucha entre éstas para elaborar su teoría en torno a una moderna vanguardia proletaria que se construyera a la vista de los nuevos elementos aparecidos en el desarrollo social. el imperialismo y las guerras imperialistas. Esto quiere decir que, si bien Marx y Engels sentaron el principio básico de la teoría sobre la dirección política de la clase obrera —principio que se enuncia con la fundación de la primera Internacional y en seguida con la lucha, dentro de esta primera Internacional, en contra de Bakunin—, correspondió justamente a Lenin modernizar dicho principio, enriquecerlo con las nuevas experiencias y, finalmente, sistematizarlo en una teoría congruente, lógica y verificada por la realidad histórica misma. No obstante y para desgracia de nuestros buenos deseos aún existen el capitalismo y el imperialismo, de la misma manera como, para desgracia de los buenos deseos de los revisionistas actuales del marxismo —Browder y compañía—, los nuevos elementos de la presente situación del mundo no contribuyen a invalidar, ni siquiera debilitar, antes todo lo contrario, los principios marxista-leninistas y en particular la teoría leninista sobre la vanguardia del proletariado. Que con su pan se lo coman los revisionistas.

¿En qué consiste la teoría de Lenin sobre la vanguardia proletaria? Lenin no forjó esta teoría en su gabinete de trabajo y "lejos del mundanal ruido". Muy al contrario de lo que se añora en el célebre poema de Fray Luis, fue precisamente dentro "del mundanal ruido", en el centro de ese ruido y rodeado por la viva voz de los acontecimientos históricos, en lucha contra los populistas, contra los "economistas", contra Martov, contra los mencheviques, contra Trotsky.

> La historia de todos los países demuestra que la clase obrera, por sus propias fuerzas, está en condiciones de suscitar pura y exclusivamente una conciencia tradeunionista, esto es, la convicción de la necesidad de agruparse en asociaciones, librar una lucha al patrono o exigir del gobierno tal o cual ley necesaria a los trabajadores.*

Estas palabras de Lenin están dichas contra el grupo llamado de los "economistas". Los "economistas" recibieron este mote en Rusia, durante el periodo de formación del partido bolchevique, a causa de que sostenían el criterio de que la conciencia proletaria de la clase obrera y, consecuentemente, la lucha por derribar el sistema capitalista, se formaría en la mente de los trabajadores en una forma "natural", mediante las luchas económicas, que devendrían por sí mismas en luchas políticas. El criterio de los economistas negaba la necesidad histórica de una vanguardia proletaria, de un partido proletario que condujese a la clase obrera hacia su meta histórica. Los acontecimientos se encargaron de darle la razón a Lenin y de aplastar sin misericordia los puntos de vista del economismo.

Aún más: "el movimiento obrero espontáneo —afirmaba Lenin— es en sí y por sí únicamente capaz de crear el tradeunionismo (y lo crea inevitablemente); pero la política tradeunionista de la clase obrera es justamente una política burguesa de la clase obrera". Las palabras tradeunión y tradeunionistas, las usa Lenin en un sentido muy especial. Son palabras tomadas del movimiento obrero de Inglaterra, donde los Trade Unión, dirigidos por los laboristas, siempre mantuvieron una actividad roma y estrecha que se limitaba rígidamente a la exclusiva defensa de los intereses gremiales de los trabajadores, sin preocuparse de infiltrar en éstos una más alta conciencia de sus intereses y su misión histórica. De aquí el sentido del término tradeunionismo que, traducido a nuestro medio, podría ser muy bien "sindicale-

* V. I. Lenin, *¿Qué hacer?*, ed. Claridad, Buenos Aires, sf, p. 37.

rismo". Al afirmar Lenin que la política sindicalerista de la clase obrera "es justamente la política burguesa de la clase obrera", quiso decir que si los trabajadores se limitaran a recibir las migajas del festin del capitalismo —aun cuando las migajas fueran considerables—, el régimen de la burguesía podría estar seguro ya que la clase obrera, abandonada a sí misma y sin quien le inyectara la conciencia de su situación como clase, jamás podría sacar la conclusión de la necesidad de acabar con el capitalismo. El derrumbe del régimen capitalista —como, además, lo ha demostrado la historia de otros regímenes sociales— no puede sobrevenir espontáneamente, merced a un gracioso fatalismo, sino sólo mediante la organización *consciente*, meditada, estudiada, de ese derrumbe. Y la clase obrera sólo puede realizar ese derrumbe si una vanguardia política, su propia vanguardia, su propio partido, sabe llevarla a la conciencia, a vida o muerte, de tal necesidad.

Después de sentar este principio, Lenin deriva de ahí conclusiones orgánicas. "El carácter de la organización de toda institución —dice— está, natural e inevitablemente, determinado por el contenido de la actividad de esta institución." La teoría leninista de la vanguardia proletaria implica, entonces, que dicha vanguardia, que el partido político de la clase obrera reúna cierto número de condiciones estructurales. Lenin preconizó para el partido bolchevique, para el partido de la clase obrera rusa, "una organización centralizada, capaz de concentrar el conjunto de las manifestaciones de oposición política, de protesta e indignación, en un solo torrente común; una organización compuesta de revolucionarios profesionales y dirigida por verdaderos jefes políticos de todo el pueblo". Desde luego que lo que Lenin preconizó en materia de organización práctica, de estructura concreta, para el partido bolchevique, no se puede tomar en modo alguno como valor absoluto e inalterable, susceptible de aplicarse ciega y mecánicamente a no importa qué país; él mismo nos previene al afirmar que la estructura de una institución está determinada "por el contenido de la actividad de esta institución", lo cual quiere decir que si bien existen rasgos comunes e inalterables históricamente para cada uno de los partidos nacionales de la clase obrera —como inalterables y comunes son, en esencia, los rasgos de la lucha de clases en todo el mundo capitalista—, también es posible y necesario deducir del "contenido de la actividad" específica de los partidos proletarios en cada lugar las correspondientes formas de lucha y métodos de organización. La actitud de los revisionistas del marxismo en nuestro continente

—Browder a la cabeza— ilustra en forma ejemplar —aunque, desde luego, en el aspecto negativo— el anterior principio leninista: Browder, en Norteamérica, preconizó a partir de las juntas de Teherán, la convivencia pacífica del capitalismo y el socialismo; la "dulcificación" gradual del sistema burgués de explotación hasta su postrer *almibaramiento* definitivo en un ideal Estado socialista al que se habría llegado idílicamente y sin violencias; preconizó también una curiosa y divertida situación de simbiosis entre el imperialismo norteamericano y sus semicolonias de América Latina, situación mediante la cual nosotros nos ocuparíamos de enviar graciosamente a los trusts yanquis nuestras materias primas, mientras los trusts, por su parte, nos mandarían los objetos manufacturados. A esta serie de majaderías "teóricas" de míster Browder correspondieron las consiguientes y lógicas majaderías organizativas, y el partido norteamericano se transformó —con gravísimo riesgo de desaparecer de la vida política, riesgo que súpo conjurar a tiempo Foster— en una extravagante "asociación comunista", amorfa e ineficaz, que no iba a desempeñar otro papel que el de traducir al lenguaje "rojo" el lenguaje de los capitalistas norteamericanos.

Ha sido preciso hacer esta exposición de carácter más o menos teórico —que no sería de actualidad práctica si los principios del marxismo-leninismo no hubieran sido abandonados— a fin de abordar en una forma correcta el problema del partido político de la clase obrera en México. Para evitar ulteriores confusiones diremos que el término *partido político de la clase obrera* se toma aquí en su acepción ideológica más general y extensa; es decir, más como una noción doctrinaria que como una realidad concreta y organizativa. La formación de un partido político de la clase obrera, tal como lo concibe la teoría leninista, no se produce caprichosamente sino merced a la concurrencia de determinados factores históricos y de determinadas condiciones favorables: es obvio que, por ejemplo, en un país en estado de barbarie no puede existir un partido de la clase obrera, en primer lugar porque ahí no hay clase obrera. De esta suerte, el término debe ser entendido, en el curso de esta plática y según el caso, como "lo que hubiera podido ser", "lo que pudo ser", "lo que podría ser" y "lo que será" el partido político de la clase obrera mexicana.

Un antecedente histórico del partido político de la clase obrera mexicana se encuentra, sin duda, en el Partido Liberal Mexicano, que jefaturó Ricardo Flores Magón, uno de los más ilustres precursores de la revolución de 1910. Los magonistas del PLM sustentaban una especie de socialismo anarquizante y lleno de inflamada retórica, que no obstante prendió con seguridad en las masas explotadas por el porfirismo. Intentos armados contra la dictadura, como los de Las Vacas, Acayucan, Valladolid, Cuenca, Cananea y Río Blanco, fueron dirigidos y propiciados por magonistas. Sus luchas, su generosidad, su desinterés, su devoción por la causa del pueblo jamás deben ser olvidados por México y su clase obrera, y los nombres de Ricardo Flores Magón, Juan Sarabia, Librado Rivera, Práxedis Guerrero, deben, sin duda, ser inscritos como los de los primeros mártires del socialismo en nuestro país. El escritor porfirista, reaccionario y poltrón covachuelista, don Victoriano Salado Álvarez —gran parte de cuya obra literaria puede decirse sin embargo que ha prestado y presta valiosos servicios a México—, en sus *Memorias*, no tiene empacho a tildar a los partidarios de Flores Magón como "comunistas". Con su carácter de diplomático de don Porfirio en Estados Unidos, Salado Álvarez tuvo la ocasión de mirar muy de cerca —y de perseguir también— al magonismo. Muy perspicaz y avisado, don Victoriano juzgó como el "peligro principal" a Flores Magón porque veía en él algo más que las simples declamaciones democráticas y antirreleccionistas de otros enemigos del régimen.

> A mí me parece —escribe Salado Álvarez— que injustamente se acumula el mérito de la revolución sobre Madero y sus amigos. Los revolucionarios verdaderos fueron los magonistas, que no sólo se mantuvieron en su posición constantemente, sino que lograron alzar a toda la frontera encendiéndola en odio contra el tirano Díaz, a quien aquellas gentes creían un verdadero aborto del infierno y hombre más perverso que todos los que habían leído en sus anales de historia [. . .]*

Por venir de quien viene, esta especie de diatriba no puede constituir mejor elogio.

El partido magonista no llegó a cuajar en partido proletario en primer término porque sus dirigentes no tenían una verdadera conciencia proletaria y en segundo porque la impetuosidad y magnitud de la revolución democrático-burguesa, cuyos líderes lograron arrastrar tras de sí a las masas del país, los arrolló sin

* Victoriano Salado Álvarez, *Memorias*, ed. EDIAPSA, México, 1946, t. II, p. 40.

permitirles una verdadera y real participación directriz en el movimiento revolucionario. Carente de un partido propio, el proletariado se dejó conducir sin protestas por la burguesía y pequeña burguesía democráticas.

Durante el periodo carrancista de la revolución —y más tarde con el obregonismo— la clase obrera mexicana, a través de la Casa del Obrero Mundial y sus batallones rojos, defendió con las armas en la mano al constitucionalismo. En diversas oportunidades, los líderes de la Casa del Obrero Mundial hicieron declaraciones habladas y escritas acerca de su "independencia de clase; ellos defendían al constitucionalismo, decían, en tanto que éste garantizaba sus conquistas, esto es, la jornada de ocho horas, el derecho de huelga y muchos de los principios ahora incorporados a la Carta Magna. Pero tal independencia de clase no existía de hecho, porque los trabajadores no contaban con un partido proletario como tal, un partido que les hiciera diferenciar conscientemente sus propósitos de los propósitos de la burguesía y ver en la revolución mexicana una ocasión de fortalecimiento y acopio de fuerzas para luchas venideras y para más altas reivindicaciones. Tan es así que el proletariado no supo advertir en qué hecho histórico, a dilucidarse entre él y la burguesía revolucionaria, radicaba el problema estratégico de la revolución. Este problema estratégico era el de las masas campesinas: quien contara con la alianza de las masas campesinas sería el vencedor. Sin claridad política a causa de no contar con una verdadera independencia de clase, el proletariado "hizo la política burguesa de la clase obrera", la política "sindicalerista" y dejó conducir sus batallones rojos a la lucha contra las fuerzas de Emiliano Zapata. En cambio, la burguesía democrática, que sí tenía un partido de clase —el partido de los constitucionalistas— supo ver el problema e hizo hábilmente su juego. Más tarde, la burguesía revolucionaria pagó en forma por demás irónica y sangrienta la deuda que tenía contraída con la clase obrera: los sicarios de Obregón y Arnulfo Gómez masacraron en la forma más salvaje y criminal a los trabajadores de Tranvías, terminando por tomar a sangre y fuego el edificio de la CGT, en las calles de Uruguay.

En 1919 nació la sección mexicana de la Internacional Comunista, bajo los mejores auspicios. El partido comunista recogía, al nacer, las mejores tradiciones revolucionarias del magonismo, de la Casa del Obrero Mundial, de los batallones rojos, de la CGT y de los campesinos zapatistas. Representaba en ese sentido una real superación histórica de la revolución mexicana de 1910. Ningunas condiciones más propicias para un partido que, conforme a una estricta lógica histórica, debía llegar a ser, sin duda, el "partido político de la clase obrera". Los mejores elementos del sindicalismo revolucionario, del campesinado y de la pequeña burguesía intelectual, ingresaron a sus filas. Las masas observaron, primero con interés y luego con júbilo, a este nuevo partido que les llenaba de esperanza y que en efecto, en un lapso relativamente breve, se convirtió en un partido poderoso y casi decisivo para la vida política del país. Aquí cabe hacernos la pregunta: ¿El PCM era ya, había llegado a ser el "partido político de la clase obrera"? La respuesta es negativa. Ni el partido ni sus dirigentes se habían preocupado de analizar, de caracterizar a la revolución de la cual habían nacido, la revolución que había hecho posible su existencia y, de esta manera, aceptaban sin protesta la propia caracterización que la pequeña burguesía y burguesía en el poder hacían de la revolución mexicana como una revolución "socialista", que hasta "emparentaba" muy seriamente con la revolución rusa de octubre. Dejándose engañar oportunistamente, el partido comunista no pudo llegar a ser, durante ese periodo —que finaliza diez años después, en 1929—, el partido de la clase obrera, pero sí se convirtió, en cambio, en el partido del ala más radical de la pequeña burguesía revolucionaria, y al servicio de ésta puso a las masas que lo seguían.

Pero el problema de la creación del partido político de la clase obrera continuaba latente, exigiendo su solución; la política oportunista pequeñoburguesa del partido comunista impedía que tal problema encontrase salida pero, de otra parte, sólo dentro de los propios marcos del partido era posible buscar la solución y luchar por ella: otro camino hubiese resultado erróneo y funesto. Y fue en realidad dentro del propio seno del partido donde estalló la crisis, crisis que fue posible debido a la circunstancia de que el PCM aún era un partido vivo, políticamente sensible y capaz de afrontar con valentía los problemas de su propia transformación.

Como resultado de ello, en el mes de julio de 1929 y ayudado por los consejos de la Internacional Comunista, el comité central del partido se reunió en una asamblea plenaria para tratar lo relativo a un "viraje" de la línea política. Parece ser que en dicha reunión nació ese término náutico del "viraje", que ulteriormente y a lo largo de las diversas vicisitudes del partido comunista, a fuerza del uso, terminó por perder su contenido político para convertirse en una palabra hueca tras de la cual la dirección del partido pretendía ocultar su oportunismo y su chato y estéril burocratismo.

¿En qué consistió el viraje del partido comunista en julio de 1929? En realidad, antes de entrar al problema, es necesario decir que la propia revolución mexicana, por los años de 1929 y después de asesinado el caudillo Obregón, comenzó a realizar su propio viraje, viraje que culminó durante el interinato de Portes Gil y que no se corrigió sino hasta el advenimiento de Cárdenas al poder. La burguesía democrática mexicana se sintió débil frente al imperialismo y la reacción y decidió detener la marcha, y en algunos renglones no sólo eso sino dar marcha atrás en los problemas mexicanos.

El pleno de julio de 1929 del partido comunista decidió que la burguesía y la pequeña burguesía revolucionarias, en bloque y definitivamente, habían claudicado; que los líderes sindicales se habían dejado sobornar, todos, sin excepción, a no ser los miembros del partido, y aun así, algunos a pesar de ello; que el movimiento campesino había capitulado, etcétera. El resultado de este análisis erróneo muy pronto se dejó sentir, porque ni toda la burguesía y pequeña burguesía habían traicionado, ni ese periodo de la revolución mexicana era un thermidor de colores tan sombríos. El partido perdió sus aliados naturales y se separó de las masas encaminándose muy resueltamente hacia el más desatentado y suicida de los izquierdismos.

La situación política del partido en aquel tiempo puede definirse a perfección con las palabras que Dimitrov pronunció en el VII Congreso de la Internacional Comunista acerca de lo que es el sectarismo: "el sectarismo se manifiesta especialmente —dijo Dimitrov— en la apreciación exagerada de la radicalización de las masas, en la apreciación exagerada del ritmo con que se apartan de las posiciones del reformismo y en el intento de saltar las etapas difíciles y los problemas complicados del movimiento". El partido, que consideraba a *toda* la burguesía como traidora a la revolución, juzgó, muy simplistamente, que las masas, a su vez, tenían igual convencimiento. De esta creencia no había sino un paso a la acción consecuente y práctica que debía ser su corolario: es decir, la lucha armada; y en efecto el partido comunista lanzó la consigna de luchar, de inmediato, por la existencia de un gobierno soviético de obreros y campesinos. Los frutos fueron el desencadenamiento de la represión —que desde entonces se prolongó hasta 1933— y el asesinato de los mejores cuadros, entre ellos el inútil, estúpido y no por eso menos punible, de ese gran jefe que fue Guadalupe Rodríguez, cuya sangre cayó sobre Calles, Portes Gil y el torvo general Medinaveytia. El partido comunista había olvidado aquella advertencia de Lenin: "no considerar caducado *para la clase,* para las masas, lo que está caducado *para nosotros*". Se inauguraba para el partido su segundo periodo de vida política: el del sectarismo y labordismo.

En muy poco tiempo el partido se vio reducido a ser un grupo prácticamente insignificante de agitadores sin influencia entre las masas. Los obreros no quisieron seguir los consejos políticos del partido comunista, tanto porque esos consejos no les reportaban ningún beneficio económico inmediato cuanto porque tampoco significaban ninguna perspectiva histórica factible y de posibilidades prácticas reales. El gobierno democrático-burgués, por su parte, no seguía —como lo aseguraban a veces hasta amañadamente los documentos del partido— una política unilateral de capitulación ante los reaccionarios y el imperialismo, ni de traición irremediable frente a los intereses de la reacción: en los separos de la policía, en el penal de las Islas y en la prisión de Lecumberri, comían el mismo rancho los cristeros y los comunistas, claro que por diferentes razones, pero el hecho no deja de ser significativo.

No obstante los errores gravísimos de que está plagado, el periodo de represión que vivió el partido comunista tuvo enormes, extraordinarias virtudes. Durante ese periodo se templaron, se forjaron los mejores cuadros comunistas, irreductibles políticamente, abnegados y devotos hasta la muerte a la causa histórica de la clase obrera. En realidad puede decirse que los más leales y honrados de esos cuadros constituyen hoy una de las bases más firmes para la futura existencia del verdadero partido político de la clase obrera.

La situación de sectarismo político y de aislamiento "místico" del partido en relación con las masas, con el país y con los problemas de la vida práctica, vino a encontrar su punto de crisis con las resoluciones adoptadas por el VII Congreso Mundial de la Internacional Comunista, a donde México envió sus delegados. Como en el caso de la crisis promovida por el pleno de julio de 1929, esta nueva crisis de 1935 no podía encontrar su expresión sino dentro de los marcos del partido y otro camino hubiese sido erróneo puesto que el partido aún no había perdido su carácter obrero revolucionario y era aún posible, desde su seno, promover su conversión en el partido político de la clase obrera.

Pero antes de analizar los efectos que sobre la vida del partido tuvieron las resoluciones del VII Congreso, conviene hacer un examen de la situación del movimiento revolucionario en general, por cuanto al problema —insoluto entonces como insoluto hoy— del partido político de la clase obrera.

El partido comunista del periodo 1929-35 no había podido resolver, por las circunstancias que hemos visto, el problema histórico de la creación de la vanguardia proletaria. Este problema no era, ni es, ni será, problema privativo de no importa qué grupo. Fue, es y será un problema, una necesidad de la clase obrera en su conjunto, de su destino, de su historia. Y la historia es un ama de casa muy rigurosa y sin miramientos: al sirviente inútil o que no cumple, lo pone de patitas en la calle y sin siquiera el consuelo de la indemnización. Así ocurrió con el partido comunista del periodo 1929-35, a quien podría haberlo salvado del *knock-out* —de quererlo así sus dirigentes— la campana del VII Congreso. Durante el periodo a que nos referimos, los elementos más avisados, más sanos y capaces de la clase obrera, al margen, o mejor aún a despecho de los comunistas, buscaron por su propia cuenta y sus propios medios la solución al problema de dotar a las masas proletarias y populares de una dirección independiente, marxista y revolucionaria, capaz de conducirlas al cumplimiento de su misión histórica. Entre esos elementos ocupa un lugar de honor Vicente Lombardo Toledano.

La dirección Laborde-Campa, cuyos dos jefes, los propios Campa y Laborde, probablemente se sentirían como una especie de santones del comunismo o los únicos profetas autorizados por la Corte celestial, consideraron la actividad de Lombardo como una horrenda competencia sacrílega y entonces hicieron converger toda la actividad y las fuerzas del partido hacia la más rabiosa, estéril y estúpida de las luchas contra el propio Lombardo y sus amigos.

Hemos visto ya que durante el periodo 1929-35 el partido comunista, a causa de la política de su dirección, se cerró todas las perspectivas para convertirse en el partido político de la clase obrera; y no sólo eso, sino que su lucha contra Lombardo y el lombardismo lo condujo a ser más que un factor, el obstáculo principal para la formación de una verdadera vanguardia proletaria. Este delito histórico debe cargarse íntegramente a la cuenta de la dirección Laborde-Campa-Velasco. A la luz de las resoluciones del VII Congreso, resoluciones que pretendían justamente el fortalecimiento de los partidos comunistas y su transformación en grandes partidos proletarios del marxismo unificado, el delito de Velasco-Campa-Laborde no podría ser absuelto; pero he aquí el primer monstruoso contrasentido: ellos mismos fueron los encargados de ejecutar en México la política del VII Congreso; la cuenta de este error debe cargársenos íntegramente a los que lo permitimos.

I. *VII Congreso*.

a] Viraje mecánico. Formalismo. Burocracia. Porfirismo.
b] Un nuevo periodo: el sectario-oportunista. Dirección cuartelaria, terror, espionaje.
c] El centro de gravedad del problema de la vanguardia se traslada a Lombardo Toledano.
d] ¿Era posible la lucha dentro del partido? Sí, y lo fue, tanto porque existía un núcleo sano dentro, como porque la IC ayudó.
e] La crisis encontró su expresión en el congreso extraordinario. Sus errores. El neolabordismo. Insuficiente profundización de la crisis. El asalto de la dirección por Sánchez Cárdenas y Fernández Anaya, edecanes de Laborde y sus gendarmes políticos.
Quedó planteada una lucha esencial —no concluida— contra los nuevos representantes del labordismo.

II. *La disolución de la IC y la última crisis, distinta a todas las demás. Crisis de descomposición.*

a] La disolución agudiza el problema vanguardia hasta su grado máximo. Por qué se opuso direc. [sic] Sánchez Cárdenas y Fernández Anaya.
b] Degeneración política dirección. Disgregación PC. Grupos. Browderismo y blasroquismo. Confederación de fracciones sin principios.

Causas reales expulsión insurgentes (Ramírez, Checa, Torres): porque *Insurgente* pugnaba por unidad y por solución problema vanguardia.

c] La crisis final: artículo Duclos. Expulsión Browder. "No hemos sido browderistas."
En los anteriores casos de crisis el problema podía ser solucionado dentro PC. Ahora *no*, porque ha dejado de ser instrumento revolucionario. (Los miembros de base, honrados y limpios, vendrán a nosotros inevitablemente.)

La liga socialista. Hemos dicho que el centro de gravedad del problema se traslada a Lombardo. ¿Es un accidente? No. La línea de Lombardo se ha comprobado como justa en el terreno de la práctica histórica. Todos los grupos acudieron a Lombardo, como a [...][4]

LA REVOLUCIÓN MEXICANA, LA CREACIÓN DE UN PARTIDO POPULAR REVOLUCIONARIO Y EL MOVIMIENTO MARXISTA[5]

Compañeros:

Mi intervención se reduce a tratar un problema que se refiere al carácter nacional de la revolución democrático-burguesa.

En el momento oportuno, cuando le corresponda su turno, el compañero Leopoldo Méndez, presidente del círculo marxista Insurgente, hará una intervención de tipo global en la cual analice los problemas del movimiento revolucionario y manifieste nuestra adhesión entusiasta y profunda al gran informe rendido por el compañero Vicente Lombardo Toledano.

Después de esta aclaración, voy a dar lectura al informe.

Una de las afirmaciones hechas aquí por el compañero Lombardo, y hacia la cual quizá no se haya dirigido la atención de la conferencia con el énfasis suficiente, es aquella que se refiere a que ningún problema social concreto puede estudiarse con fruto sin basar estrictamente su estudio en una teoría política, y en una teoría política científica. Consecuente con su propia afirmación, el campañero Lombardo expuso, con certeza y profundidad, los principios en que, por ser científica, se basa la teoría política del proletariado, que no son otros que los del materialismo dialéctico.

La circunstancia de que el compañero Lombardo haya usado este método para abordar el estudio del tema de la presente conferencia, encierra dos importantes significaciones, una de orden teórico y otra de orden político. Por cuanto a la primera, el compañero Lombardo nos demostró con el ejemplo del método seguido por él en su exposición, la validez y eficacia, y el sentido profundamente revolucionario y creador del postulado marxista que establece la unidad de la teoría y la práctica, de la filosofía y la acción. O en otras palabras, el hecho de que la filosofía del materialismo dialéctico no se limita a la explicación del universo y de la vida, sino que además proporciona las armas necesarias para transformarlos. "Si la filosofía —dice Marx, citado por Mehring— encuentra en el proletariado sus armas materiales, al proletariado le brinda la filosofía sus armas espirituales." Desde este punto de vista, entonces, el informe del compañero Lombardo es una demostración e ilustración perfectas de ese principio de unidad entre teoría y práctica, que puede permitir a los marxistas de nuestro país abordar el cumplimiento de sus tareas históricas. Pero hay aún más: al desarrollar ante nosotros su método —que, es obvio decirlo, no constituye su método personal sino el que pone en práctica toda inteligencia marxistamente organizada—, Lombardo nos dejó ver su propia naturaleza como filósofo militante, es decir, como verdadero filósofo marxista, pues el materialismo dialéctico crea ese nuevo tipo de pensador de la acción y realizador práctico del pensamiento, que elabora su propia conciencia como hombre de su tiempo y de su clase, en contacto con la realidad, y lucha por transformar la sociedad en que vive.

Hago hincapié en esto último porque Lombardo Toledano, como ser político, es un hecho histórico; un hecho histórico cuya justa caracterización, que es al mismo tiempo una caracterización política, no hay que olvidar jamás a menos que se quiera incurrir en los errores del pasado o no disipar radicalmente los del presente. Esto no significa, y sólo a los de muy corto alcance se les ocurriría pensarlo, que la actividad diaria, los puntos de vista tácticos y estratégicos, o las incidentales posiciones políticas del compañero Lombardo, sean intangibles, indiscutibles y estén más allá de la crítica. Todo lo contrario. Lo cierto es que, a la ausencia de una justa caracterización del ser político que se llama Lombardo Toledano, o a la caracterización amañada y errónea por parte de ciertos círculos marxistas durante determinada época, debemos una considerable porción de la crisis que actualmente sufre el movimiento revolucionario.

Lo anteriormente expuesto es la significación de orden teórico a que me refería y que se desprende del informe del compañero Lombardo por cuanto atañe a su procedimiento, a la justeza de las apreciaciones derivadas de ese procedimiento y a la propia realidad del mismo Lombardo como jefe marxista mexicano.

La significación de orden político que se infiere —aunque en otras partes del informe esté asentado explícitamente— del método aplicado por Lombardo en su exposición es la relativa al olvido, a la deformación y a la falsificación de los principios del marxismo que se ha realizado en México, no sólo en el aspecto teórico general, sino en el de la aplicación práctica a la realidad del país y a los problemas internacionales. El compañero Lombardo Toledano se vio en la necesidad de repetir postulados doctrinales supuestamente conocidos, a fin de respaldar sus puntos de vista acerca de la táctica y objetivos del proletariado en la presente etapa histórica. Esta necesidad en que se vio el compañero Lombardo y que pudiera remitirse a las características polémicas que inevitablemente tiene todo informe político es, sin embargo, algo mucho más grave y trascendente que un simple recurso de discusión: representa la necesidad de luchar contra quienes deforman la doctrina, la necesidad de recordársela a quienes la olvidan; la necesidad de despertar a quienes, como decía Lenin, no se apoyan sino se duermen sobre ella, y la necesidad, en fin, de aplastar a quienes la traicionan.

Con todo, las deformaciones, los olvidos, las obnubilaciones oportunistas y las traiciones más o menos abiertas, no constituyen sin embargo la visión completa del destino que les ha tocado seguir en México a los principios del marxismo. La brutal realidad consiste en que no ha habido hasta ahora en México una aplicación consecuente, científica, certera, de los principios del marxismo por parte de ninguno de los núcleos que sustentan estos principios como doctrina. Cuando decimos esto, se trata de apreciar un hecho histórico general y no cuentan, desde luego, los esfuerzos individuales, venturosos o no, que se hayan hecho; pues el marxismo no constituye su propia aplicación a la vida social y política a través de un solo hombre, por más excepcionalmente dotado que esté, sino que es su aplicación, su desarrollo y su profundización, a través de un ágil, capaz, inteligente e intrépido partido de clase del proletariado, partido que aún no existe como tal en nuestra patria. En consecuencia, creemos interpretar justamente el informe del compañero Lombardo, como la comprensión definitiva por su parte de que él —como ser político— no puede continuar siendo en la vida de México un marxista sin partido y que, sin embargo de que el partido popular revolucionario que él mismo ha propuesto no será marxista ni de izquierda, en todo caso constituirá un vehículo para la actuación organizada de la corriente proletaria marxista de nuestro país.

La formación de un partido marxista del proletariado o, para usar el término clásico de que se vale el materialismo histórico, del partido de clase del proletariado, está comprendida dentro de los objetivos y táctica de lucha de la clase obrera durante la actual etapa de la evolución histórica del país. Y lo está en igual forma en que la presente etapa comprende, asimismo, la formación de un partido popular revolucionario. Por eso ambos problemas —partido proletario y partido popular— tienen cabida dentro de las discusiones de esta conferencia y, para su estudio, es preciso profundizar el análisis de la actual etapa histórica de México, realizado por el compañero Vicente Lombardo Toledano.

El análisis realizado por el compañero Lombardo acerca de la presente etapa histórica se sustenta sobre una doble consideración de tipo estratégico y táctico a la vez, con todas sus naturales derivaciones políticas. Esta doble consideración consiste, primero, en el planteamiento de la revolución democrática de México y en el estudio de los factores que han hecho posible la existencia de tal dilema; y segundo, en el planteamiento de los métodos que hay que poner en juego para el uso adecuado de las fuerzas sociales que lo resolverán.

> O nuestro país logra superar las actuales dificultades —dice el compañero Lombardo— acelerando con la revolución industrial el desarrollo de las fuerzas productivas para ponerlas en consonancia con las necesidades del pueblo, con las fuerzas, con las relaciones de producción, para superar esta contradicción en una forma de síntesis creadora que produzca un régimen nuevo, o el país puede caer en la órbita del imperialismo extranjero y sufrir las consecuencias de una regresión histórica.

Sin embargo, no todo el movimiento revolucionario, ni aun todo el movimiento marxista, tiene una opinión unánime con respecto, por una parte a las características de la revolución mexicana democrática, y por otra con relación a las formas y métodos de resolver el dilema histórico en que dicha revolución se encuentra. Lombardo reconoce en este sentido dos tendencias principales —dos desviaciones principales en la aplicación del marxismo a esta realidad concreta— y que son la de derecha y la de izquierda. Estas dos desviaciones, justamente caracterizadas por el compañero Lombardo, consisten, la de derecha en pretender basar la actividad revolucionaria en un "fatalismo geográfico-histórico", como él lo llama, y del cual se derivaría la imposibilidad del cumplimiento de los objetivos de la revolución democrática sin un entendimiento con el imperialismo. Hay que indicar, de paso, que la teoría del fatalismo geográfico no es nueva en nuestra historia, pues ya en el siglo pasado don Sebastián Lerdo de Tejada había acuñado la célebre frase de que "la desgracia de México es estar muy lejos de Dios y muy cerca de Estados Unidos". Pero lo importante no es la antigüedad de la teoría y de la desgracia de que exista, sino las consecuencias prácticas que su aparición ha traído en la vida contemporánea de nuestro país y de los países de América Latina.

El fatalismo histórico-geográfico se convirtió, durante la segunda guerra mundial, en todo un sistema de revisión de los principios fundamentales del marxismo y, si bien en México no tuvo repercusiones más graves, esto se debió, principalmente, a dos hechos que sin embargo fueron de opuesta significación e importancia. El primero de estos hechos es el de la circunstancia que México sea la sede de la Confederación de Trabajadores de América Latina (CTAL) y que ésta haya luchado, en la práctica y en la teoría, ardiente y terminantemente, contra todo intento revisionista y contra todas las actividades derivadas del revisionismo. Para demostrarlo están los discursos de Lombardo en diversas ocasiones, pero particularmente el discurso del teatro Iris; las exhortaciones hechas por el mismo compañero Lombardo acerca del carácter del imperialismo a quien la guerra no había dado un nuevo contenido, como lo pretendió Browder; el documento que se conoce como la carta de Cali y, finalmente, para no citar otros ejemplos, la actitud asumida por el presidente de la CTAL frente al Plan Clayton que los browderistas norteamericanos se esforzaron vanamente en defender.

El segundo hecho que restó gravedad a la aparición en México de la teoría del fatalismo geográfico y su consecuente evolución hasta convertirse en un sistema revisionista del marxismo, se basó en la circunstancia, sin embargo puramente aleatoria, de que el organismo encargado de aplicarla, o sea el partido comunista, no la pudo desarrollar en la arena de la política nacional a causa de su poca significación en la vida del país y a causa de su muy débil influencia sobre las masas. Cuando menos parece ser que éste fue el exculpante que los dirigentes del partido esgrimieron a su favor.

La desviación de izquierda en la apreciación de la actual etapa histórica del país consiste, según justamente lo afirma Lombardo, en la teoría de que "ha llegado el momento de luchar por parte del proletariado y de las fuerzas revolucionarias que puedan unirse al proletariado en ese empeño, contra todo lo que no sea el cumplimiento inmediato, directo, mecánico, de los objetivos de la revolución mexicana". Esta desviación que, como dice el propio Lombardo, está pronta a reverdecer a cada instante como la mala yerba, adopta la forma práctica del oportunismo sectario, de la fácil demagogia populachera y de la irresponsabilidad. Dimitrov la caracterizó con gran acierto en el VII Congreso de la Internacional Comunista al decir que "se manifiesta *especialmente* en la apreciación exagerada de la radicalización de las masas, en la apreciación exagerada del ritmo con que se apartan de las posiciones del reformismo y en el intento de saltar las etapas difíciles y los problemas complicados del movimiento".

En México la desviación de izquierda, el sectarismo-oportunismo ha estado representado, con intermitencias de derecha, por el partido comunista y *tradicionalmente*, sin intermitencia alguna, por los ahora líderes del partido Acción Socialista Unificada, partido que como tal continúa, en el presente, representando esa tendencia. En esta reunión de mesa redonda, el representante autorizado del sectario-oportunismo y la desviación de izquierda lo ha sido el compañero Valentín Campa. Al respecto, es curioso señalar, aunque sólo sea a título de anécdota, lo placenteramente que se han recibido en las columnas de la prensa reaccionaria los conceptos aquí vertidos por el compañero Campa. Obligado por el agradecimiento político hacia Campa, el escritor reaccionario Aldo Baroni confiesa la identidad de *Excélsior* con Campa desde hace diez años. Debemos reconocer honradamente que el columnista ex-italiano se fue corto en los años. Me anticipo, no obstante, a la respuesta que pudiera venir de Campa: sí, es evidente que no son lo mismo Campa y el columnista de *Excélsior*; pero, anécdota a un lado, no deja de ser interesante un análisis del hecho. A *Excélsior* y a los intereses que ese órgano representa, les favorece e interesa la división del movimiento obrero y en particular de la CTM, y para lograr su propósito divisionista echan mano de hipócritas argumentaciones contra las indudables lacras que el movimiento obrero padece y que todos los revolucionarios sinceros y los marxistas consecuentes queremos extirpar. Las coincidencias de opinión, pues, entre el compañero Campa y *Excélsior* no obedecen, indudablemente, a los mismos propósitos. Podemos estar seguros entonces de que en lo subjetivo, como honesto revolucionario —o, en lo aún más subjetivo, como hombre de buenos sentimientos—, Valentín Campa no desea la división de la CTM; y, además, que tampoco sus argumentaciones contra la corrupción de los líderes son esgrimidas con hipocresía. Pero es aquí justamente donde surge el hecho político objetivo: lo que en nuestros enemigos abiertos es hipocresía, al trasladarse a los sectario-oportunistas, se hace demagogia, para que, de todos modos, los resultados finales sean los mismos: la división de la CTM. Esta coincidencia en los hechos, en la práctica, es la que regocija a Aldo Baroni.[6]

Otro de los exponentes, en esta conferencia, del sectario-oportunismo, de la demagogia y de la irresponsabilidad política es

David Alfaro Siqueiros. Aunque su método de exposición política pretendió reflejar las *ingenuas* preguntas del hombre de la calle, cualquiera que no sea tan ingenuo como desearía Siqueiros que sus oyentes lo fueran, comprende fácilmente que el extraordinario pintor se redujo tan sólo a intentar un contrabando del más simplista, burdo y deshonesto sectarismo. Lenin tenía razón al insistir con frecuencia en la necesidad de no olvidar aquello de que el camino del infierno siempre está empedrado de buenas intenciones.

Para preservar al movimiento marxista de los peligros que representan las desviaciones, tanto de derecha como de izquierda, el compañero Lombardo nos recuerda en su informe el espíritu del método dialéctico que consiste en apreciar los fenómenos, no en su reposo, sino en su movimiento, no en abstracto sino en concreto, no dogmática sino críticamente. En tal sentido y apoyado en la teoría marxista, Lombardo Toledano nos ha dicho aquí que el antagonismo entre las fuerzas productivas y las relaciones de producción, antagonismo que se expresa en la lucha de clases, adopta formas peculiares a través del tiempo y del espacio y en cada uno de los países; que, en consecuencia, la revolución democrática mexicana, como fenómeno concreto, tiene sus propios rasgos y sus propias características, diferentes a los rasgos y características de no importa qué otra revolución de su tipo.

> A medida que un régimen social de un país determinado —afirma Lombardo— se aleja del régimen que caracteriza el desarrollo histórico, la lucha entre las fuerzas productivas y las relaciones de producción tiene características propias. Por eso podemos afirmar que hay diferentes grados en el desarrollo de las revoluciones por razones de tiempo, del mismo modo que existen diversos grados de desarrollo en las revoluciones por razones de su ubicación.
>
> Estos dos factores, entonces, el tiempo específico de la aparición de la revolución mexicana dentro del desarrollo histórico general del mundo y el espacio específico, la geografía dentro de la cual nace y se desenvuelve la revolución, determinan fundamentalmente sus peculiaridades.

La actual etapa histórica de México, ya se ha dicho, plantea el dilema de solucionar en un sentido progresivo o en un sentido regresivo, la oposición, el antagonismo existente entre las fuerzas productivas y las relaciones de producción. El análisis de este antagonismo y su contenido, y el análisis de las fuerzas productivas y las relaciones de producción en sus manifestaciones históricas concretas, en sus manifestaciones reales dentro del tiempo y el espacio, permitieron descubrir al compañero Lombardo cuál es el camino para la solución del dilema en el sentido de que el desarrollo del país iguale al desarrollo histórico y establezca con ello las posibilidades para el advenimiento de una nueva síntesis dialéctica, para el advenimiento de un nuevo régimen social y político.

Sin embargo, el dilema histórico de México se expresa además —aparte otros órdenes de la vida del país— tanto en el ya citado de las relaciones de producción —economía semicolonial o economía independiente— como en el propio orden de las relaciones de convivencia nacional, esto es, en la cuestión de si la nacionalidad mexicana puede conservarse y desarrollarse, permanecer y crecer, o si, por el contrario, no puede conservarse ni desarrollarse y está condenada a desaparecer como tal en aras del imperialismo. Con el surgimiento de los nuevos factores que han traído consigo la segunda guerra mundial y la victoria sobre el fascismo —nuevos factores positivos y negativos—, este hecho aparece en la historia de nuestro país con rasgos mucho más acusados y patentes y con una inminencia mucho más grave que la que pudo tener en cualquier otra época del pasado. El problema, que es de vida o muerte, reviste una importancia de tal modo profunda que sería imposible la elaboración de una táctica y una estrategia adecuadas para el presente periodo histórico, si no se tuviese visible su existencia en todos y cada uno de los momentos políticos de nuestra lucha.

La afirmación anterior no tiende a darle un carácter de excepcionalidad a nuestro país, sino tan sólo a poner de relieve el punto donde nos ha conducido la lógica de nuestro devenir histórico y del devenir histórico del mundo contemporáneo. Porque, en efecto, los problemas de nuestra constitución y existencia nacionales han incidido, desde fines del siglo XVIII y principios del siglo XIX, con los problemas del antagonismo entre las relaciones de producción y las fuerzas productivas, es decir con los problemas que engendra la contradicción entre una organización social retrasada y los factores que dentro de su seno luchan por establecer un orden nuevo que haga posible la vida. De esta suerte, la revolución democrático-burguesa mexicana, desde sus orígenes en la revolución preburguesa de 1810, ha sido siempre una revolución nacional, una revolución donde la nacionalidad, al tiempo que se gesta, reclama su derecho a la existencia, su derecho a establecerse y desarrollarse.

La incidencia señalada entre lo social y lo nacional dentro de la revolución democrática de México —e igualmente, con más o menos diferencias, dentro de la revolución democrática de los demás países de América Latina— no es tampoco una excepción aunque, como todos los fenómenos de la sociedad, de la naturaleza y de los hombres, tenga sus peculiaridades privativas. Y no es un caso de excepción porque fue justamente la clase bruguesa, en la historia del desarrollo de la sociedad humana, quien, al abolir las precedentes relaciones feudales de producción, instauró, de igual manera, los modernos Estados nacionales. En su prólogo a la *Dialéctica de la naturaleza*, y al referirse a las colosales proyecciones que tendría el Renacimiento —cuya aurora iluminaba ya la segunda mitad del siglo XV— sobre la vida del género humano, Federico Engels habla de la nación y las nacionalidades como resultantes de la lucha contra el feudalismo:

> La reyecía, apoyándose sobre los habitantes de las ciudades, o sea los burgueses, quebrantó el poder de la nobleza feudal y fundó las grandes monarquías basadas esencialmente en la nacionalidad. En ellas alcanzaron su desarrollo las naciones europeas modernas y la sociedad burguesa moderna.*

Conforme puede derivarse de las palabras de Engels, la primera peculiaridad, la primera característica del proceso de integridad nacional de México consiste, en consecuencia, en que se inicia considerablemente después no sólo de que los grandes Estados nacionales ya se han consolidado y los países más decisivos del globo ya han consumado su revolución burguesa, sino que, también, se inicia considerablemente después de que la sociedad capitalista traspone sus primitivos linderos y entra con firme paso a lo que será en breve tiempo su impetuoso y tremendo desarrollo futuro.

Establecida esta primera peculiaridad del proceso de integración nacional de México y la condición de interdependencia de este proceso respecto a los resultados del antagonismo entre las fuerzas productivas y las relaciones de producción, es posible describir con mucha mayor claridad y en el terreno concreto de la historia las características restantes que reviste el fenómeno.

* Federico Engels, *Dialéctica de la naturaleza,* ed. Pávlov, México, sf, p. 12.

En la esclavitud, en el feudalismo y en el capitalismo —dice el compañero Lombardo—, las fuerzas productivas y las relaciones de producción han estado representadas por clases sociales; es decir, las clases sociales son un caso de representación de las fuerzas productivas y de las relaciones de la producción.

La validez de este principio marxista aplicado a la historia dé México no puede ponerse en duda, no obstante las dificultades que ofrece la formación primitiva e impura de las clases. Ahora bien; si desde fines del siglo XVIII y principios del XIX hasta el siglo XX y nuestros días, para no hablar sino de ese periodo específico, el antagonismo entre las relaciones de producción y las fuerzas productivas es, al mismo tiempo, como hemos afirmado, la lucha de la nacionalidad mexicana contra sus oponentes, por integrarse como tal nacionalidad; las clases sociales que han representado, o que son "un caso de representación de las fuerzas productivas y las relaciones de producción", se califican entonces por su papel o revolucionario o conservador, o progresivo o regresivo, como clases nacionales o antinacionales, patrióticas o antipatrióticas.

La dominación colonial en Nueva España fue un empeño sádicamente constante para impedir el desarrollo de aquellas fuerzas productivas que pudieran entrar en conflicto con las relaciones de producción existentes, es decir con el feudalismo y la explotación feudal. Mientras en Norteamérica, la colonia anglosajona de cuáqueros y protestantes progresistas desarrolla con agresiva celeridad y juveniles bríos las nuevas fuerzas productivas, hasta llegar a la independencia política y realizar con ello su revolución burguesa, en Nueva España las puertas del país permanecen sombríamente cerradas, el polvo de la superstición y las telarañas del catolicismo medieval cubren los seres y las cosas, y las murallas de la intolerancia y del monopolio económico hacen de la Colonia una isla tétrica e inhabitable. La santa y espantosa Inquisición prohíbe en Nueva España la lectura del *Quijote*, mientras el Siglo de Oro —que fue posible en la metrópoli merced a la existencia del imperio y a la riqueza y el desahogo económico que el imperio llevó consigo— esplende maravillosamente en la península.

En una de las formas más penosas que se registran y con un lento ritmo que se distribuye a lo largo de tres siglos inmensos y terribles, se gestan y acumulan en Nueva España las fuerzas productivas que han de entrar en conflicto con las relaciones sociales de producción en la guerra de Independencia. Las clases sociales que representaron a dichas fuerzas productivas fueron: los indígenas, esclavos primero bajo la encomienda —si no jurídicamente, sí de hecho— y siervos después bajo el peonaje; los artesanos y obrajeros perseguidos continuamente por el gobierno colonial; los terratenientes dedicados a la agricultura y por ello en choque constante con el latifundismo parasitario; los criollos y mestizos que no tenían acceso a los puestos públicos; y el bajo clero que estaba relegado a recibir tan sólo las migajas de la fabulosa riqueza del clero superior. Es decir, todos los grupos cuya vida era difícil o ya imposible, dentro de los marcos de las relaciones de producción que la Colonia se esforzaba por conservar.

A pesar de sus intereses diversos y aun opuestos, todos estos grupos coincidían en mayor o menor grado en un solo objetivo: la destrucción de la Colonia y el establecimiento en su lugar de un país nuevo e independiente, de una nueva nación que fuera la expresión política del cambio en las relaciones de producción o el instrumento para la realización de ese cambio. De esta suerte y tomados en su conjunto, estos grupos representaban las clases nacionales, las clases patrióticas; pero tomados aisladamente y por cuanto a su propia capacidad e interés en llevar o no llevar hasta sus últimas consecuencias la transformación de las relaciones de producción, cada uno representó su propia y respectiva proporción variable de identidad con los intereses nacionales. Esta proporción de identidad sólo podría medirse en su relación con los hechos históricos y en su relación con el desenvolvimiento del proceso histórico mismo. 1821 y los acontecimientos que sucedieron a esa fecha, demostraron que la más baja proporción de identidad con los intereses nacionales correspondía a la clase de los terratenientes criollos —de los cuales Iturbide era un representante— y que, en determinadas condiciones favorables, esa clase de terratenientes que había luchado contra ciertos aspectos del feudalismo, pero que no por eso dejaba de ser feudal, en ciertas condiciones propicias, repito —como los hechos lo demostraron más tarde, durante la Reforma y la Intervención—, podía reducir a cero su proporción de identidad y hacer desaparecer todo vestigio de cualquier coincidencia de sus propios intereses con los intereses de la patria.

Si bien para antes de que finalizara el primer tercio del siglo pasado, México ya se había constituido, desde el punto de vista jurídico, en una nación, no obstante quedaban pendientes de resolver los problemas que había planteado el anterior periodo histórico y que eran los de la transformación de las relaciones feudales de producción, cuya consecuencia inmediata en la vida del país sería la integración de la nacionalidad mexicana por medio de la fusión de sus elementos integrantes dentro de un gran todo único.

Sin embargo, no es fácil burlar a la historia ni escamotearle sus derechos. Puestas en marcha por la revolución preburguesa de 1810 las fuerzas de la nacionalidad mexicana ya no podían detenerse fácilmente en el camino de la lucha por su existencia. Después de 1821, en que la contradicción dialéctica de 1810 fue resuelta en un sentido regresivo, chocaron entre sí, en una guerra a muerte, de un lado las clases nacionales y del otro las clases antinacionales. La trágica y colosal lucha, con treguas más o menos breves, se prolongó de manera increíble hasta casi llegar al medio siglo. El hecho así narrado, con la frialdad de lo objetivo, parece sencillo; mas, sólo un pueblo de raíz tan honda y sagrada, sólo un pueblo tan verdadero y antiguo, sólo un pueblo tan patética y desesperadamente amoroso como nuestro pueblo mexicano, pudo sobrevivirse, silenciosamente triunfante, a su prometeica prueba del martirio, digna apenas de sus viejos dioses.

El grupo social representado por los terratenientes liberales, por los profesionistas progresistas, por los jornaleros de la ciudad y los jornaleros del campo, obtuvo considerables progresos en el periodo histórico posterior a lo que se conoce como *consumación de la Independencia*. Estos progresos tenían su expresión en las leyes de desamortización de bienes de manos muertas y de la abolición de fueros, en la Constitución política de la República adoptada en 1857, y en las leyes de reforma expedidas por el presidente Juárez desde Veracruz. En suma, el conjunto de estas disposiciones representaba uno de los golpes más poderosos asestados al poder del feudalismo y de la Iglesia. Pero, con todo, el proceso histórico de transformación de las relaciones de producción propuesto desde 1810 no se realiza completo. La desamortización de bienes de manos muertas, si bien lesiona a la Iglesia, como representativa más poderosa de la feudalidad, en cambio no afecta, en términos generales, al latifundismo civil —antes crea una nueva clase de terratenientes— y despoja por otra parte a las comunidades indígenas, reduciendo a los indios a la condición de parias. El proceso de integración de la nacionalidad mexicana, entonces, durante el esencial periodo de su desarrollo a través de la Reforma juarista revolucionaria —y no obstante la prueba de fuego a que lo someten la Intervención y el imperio—, deja establecido, así, un principio de contradicción —de contradicción dialéctica— que ha de tomar cuerpo en lo futuro bajo el porfirismo, para estallar más tarde en la revolución de 1910.

La etapa histórica conocida en México con el nombre de porfirismo desarrolla en sus consecuencias lógicas y consolida al mismo tiempo los principios de la Reforma, agudizando así las contradicciones que le legara el inmediato pasado anterior. Se produjo bajo el porfirismo un proceso de acumulación territorial que devino rápidamente en feudalismo, y aparecieron en el escenario económico, para proyectarse más tarde en el escenario histórico y político, dos fenómenos nuevos de singular importancia y desconocidos hasta entonces: el imperialismo por una parte y la clase obrera por otra, acompañada de una débil, maltrecha e incipiente burguesía nacional.

Durante el periodo que se comprende desde la revolución de Independencia hasta la revolución de 1910, la proporción de identidad entre los intereses particulares de cada una de las clases, en relación con el interés general histórico de integrar una nacionalidad mexicana homogénea, varía según las circunstancias, los objetivos históricos particulares de cada una de las clases y la correlación de fuerzas entre el conjunto de todas ellas. Así, por ejemplo, durante ese periodo álgido y de extraordinario peligro para la nacionalidad que fue la intervención francesa, hubo un instante histórico, que pudiéramos llamar de unidad nacional, en que todas las clases —excepción hecha de una minoría traidora— se unieron para la lucha por un objetivo común elemental, sin el cual les sería imposible la vida a cada una de ellas: la salvaguarda del país para evitar su desmembración y desaparición. Las aspiraciones de Francia, en efecto, eran tan desmesuradas que es bastante conocido el hecho de que Napoleón III esperaba obtener de Maximiliano la entrega del estado de Sonora, el cual sería un territorio semiautónomo bajo la protección de Francia.

Lo importante, sin embargo, es que la historia de México durante el periodo 1810-1910 pone de relieve, con extraordinario vigor, el hecho de que la nacionalidad mexicana como tal aún no había logrado integrarse pese a la fisonomía independiente de México como país autónomo. Aún más, que esa nacionalidad estaba en peligro de desaparecer si no encontraba el ámbito histórico propicio y, dentro de ese ámbito, las relaciones de producción adecuadas para poder sustentarse, desarrollarse y fortalecerse.

Pronto se pudo ver que las clases directoras de la Reforma, que se consolidaron después bajo el porfirismo, satisfechos ya sus intereses abandonaron el empeño, que no obstante fue el que las lanzó a la lucha, de transformar las relaciones de producción semifeudales del pasado. En la misma medida en que abandonaban este empeño histórico, su proporción de identidad con los intereses nacionales disminuía hasta desaparecer por completo, convirtiéndolas de esta manera en clases antinacionales.

Empero, si el porfirismo resolvió regresivamente la contradicción dialéctica planteada por la Reforma, del mismo modo que en 1821 la contradicción del 10 se resolvió en una síntesis negativa, no por ello el desarrollo histórico iba a dejar de plantear nuevas oposiciones de contrarios, nuevas contradicciones y nuevos conflictos entre las fuerzas productivas y las relaciones de producción. Por ley natural de su desenvolvimiento histórico las clases dominantes de la dictadura abrieron las puertas del país al imperialismo extranjero, transformándose en el mayor freno para el desarrollo e integración de la nacionalidad; pero también por ley natural surgieron, frente a esas fuerzas regresivas, otras fuerzas progresivas que ahora estaban integradas por el proletariado, la burguesía y sus respectivos aliados, los campesinos y las masas indígenas, masas que hasta ese momento, a partir de tres siglos atrás, no habían encontrado aún la forma de su integración nacional. Sobrevino, de esta manera, la gran revolución mexicana de 1910, que se echaba a cuestas la enorme tarea, aún no consumada después de un siglo de luchas y tres siglos de opresión, de integrar definitivamente la nacionalidad y transformar también definitivamente, las caducas y regresivas relaciones de producción. Aquí podemos repetir exactamente el principio que aplicamos a las clases sociales de 1810: tomadas en su conjunto, las clases revolucionarias de este nuevo periodo estaban unidas por el mismo objetivo común de transformar las relaciones de producción y, como consecuencia, consolidar la nacionalidad y fortalecerla con la incorporación de las grandes masas indígenas; pero tomadas aisladamente y por cuanto a su propia capacidad e interés en llevar o no llevar hasta sus últimas consecuencias la transformación de las relaciones de producción, cada una de estas clases representa su propia y respectiva proporción variable de identidad con los intereses nacionales. Esta proporción, ya lo hemos dicho, no puede comprobarse ni medirse de un modo teórico y abstracto sino de un modo empírico y concreto en sus relaciones específicas con la realidad política y con el proceso histórico general. Conviene citar a este propósito un inapreciable principio expuesto por Lenin, acerca del método a seguir por la clase obrera para orientarse en sus relaciones con las demás clases de la sociedad.

> La conciencia de las masas obreras no puede ser una verdadera conciencia de clase si los obreros no aprenden a observar a favor de hechos y acontecimientos políticos concretos y actuales a *cada* una de las clases sociales restantes en *todas* las manifestaciones de su vida intelectual, moral y política; si no aprenden a aplicar el análisis y el juicio materialistas a *todos* los aspectos de la actividad y de la vida del *conjunto* de las clases, capas y grupos de la población. Todo aquel que dirige la atención, el espíritu de observación y la conciencia de la clase obrera exclusivamente o incluso sólo de un modo preponderante hacia ella misma no es un socialdemócrata [es decir, un marxista consecuente], pues el conocimiento propio de la clase obrera está indisolublemente ligado con la absoluta claridad del conocimiento teórico de las relaciones recíprocas del *conjunto* de las clases de la sociedad moderna, conocimiento no solamente teórico: mejor dicho, menos teórico que fundado en la experiencia de la vida política.*

De acuerdo con las palabras de Lenin y de acuerdo con la experiencia que nos brinda nuestro pasado histórico, no podríamos elaborar la táctica y precisar los objetivos del proletariado en la presente etapa de la revolución mexicana democrática si orientáramos la atención de la clase obrera "exclusivamente o incluso de un modo preponderante hacia ella misma"; en otras palabras, si ignoráramos que en la presente etapa histórica la clase obrera mexicana no es aún un factor decisivo en el desarrollo social, ni es tampoco —como no es posible que sea— el factor único en la transformación de las relaciones de producción, es decir en la consumación de la revolución burguesa. En este sentido se han confundido con frecuencia las tareas del proletariado en su lucha por la dirección de la revolución democrático-burguesa, con las tareas del proletariado en su lucha por una revolución socialista. La descabellada proposición que ha hecho aquí la izquierda sectaria, secundada vacilantemente por los compañeros del partido comunista, en el sentido de fijar al proletariado como meta para la presente etapa la del capitalismo de Estado, demuestra hasta qué punto puede llegar la ignorancia

* V. I. Lenin, op. cit., p. 74.

de que en el país, aparte de la clase obrera, existen otras clases sociales; y de que el conocimiento teórico de la existencia de dichas clases y "las relaciones recíprocas del *conjunto* de esas clases", inclusive el proletariado, debe ser "menos teórico que fundado en la experiencia de la vida política". Es proverbial en el método de la izquierda sectaria sustituir la experiencia de la "vida política" por formulaciones escolásticas desprovistas de contenido, y así se explica la proposición acerca del capitalismo de Estado; pero existe el riesgo, además, de que la izquierda sectaria, en su servilismo a la letra y no al espíritu de los textos, quiera ir más allá de sus límites y termine por encerrarse en el solipsismo y negar la propia existencia de la realidad. Digo esto porque ya se han presentado síntomas, y ha sido el propio compañero Campa el que ha acusado aquí a la Constitución Política de los Estados Unidos Mexicanos de no ser una constitución leninista y no compartir el criterio de Lenin acerca de lo que debe llamarse la pequeña propiedad territorial.

A propósito de las tareas del proletariado en la revolución democrático-burguesa, el compañero Lombardo hace la pregunta, que contesta afirmativamente, de si la clase obrera mexicana debe encabezar o no debe encabezar la revolución. La respuesta afirmativa del compañero Lombardo es irreprochable, teórica y prácticamente, pues se inspira en la experiencia internacional que pone de relieve la inconsecuencia política de la burguesía para llevar hasta sus últimos propósitos la revolución democrática. Sin embargo, para que el justo principio teórico general expuesto por el compañero Lombardo tenga una validez práctica y de aplicación a la realidad de nuestro país, es preciso que se determine —y menos teóricamente que fundándonos en "la experiencia de la vida política"— cuál es el grado de inconsecuencia de la burguesía y cuál, también, su grado de debilidad para, consiguientemente, saber hasta qué extremos pueden conducirla esa inconsecuencia y esa debilidad, si al compromiso o a la capitulación o a la traición. Al revés también, es decir si la burguesía no ha agotado aún sus posibilidades revolucionarias y, consiguientemente, qué puede esperarse de ella en el cumplimiento de los postulados de la revolución y hasta qué grado es posible, antes de arrebatarle la dirección de la revolución democrática, compartir con ella las responsabilidades de tal dirección.

Si tomamos en cuenta el carácter *nacional* de la revolución democrática en México y la constante incidencia que ha habido, a lo largo de la historia del país desde 1810, entre la lucha por la transformación de las relaciones sociales y la lucha por la integración nacional, hasta el grado de que sólo después de 1910 y hasta el México contemporáneo de la escuela rural, de las carreteras, de las presas y del reparto de tierras, podemos hablar propiamente de que el país ha entrado en su verdadera etapa de integración, los problemas de la hegemonía del proletariado y de la oportunidad histórica para que el proletariado se lance a la conquista de tal hegemonía aparecen mucho más claros ante nuestros ojos. Es evidente, así, que mientras la burguesía no se convierta en una burguesía antinacional el proletariado no puede plantearse el problema de arrebatarle la dirección de la revolución democrática, pues el que la burguesía no haya abandonado sus posiciones nacionales indicará que el antagonismo entre las fuerzas productivas y las relaciones de producción aún no ha llegado al punto crítico y la madurez indispensables para que se produzca un cambio.

En el caso opuesto, suponiendo que se pudiera dar el ejemplo de una burguesía que abandonara sus posiciones nacionales sin abandonar sus posiciones democrático-burguesas, pese a ello sería una burguesía reaccionaria, pues la historia de México demuestra que la lucha por la integración nacional es una lucha esencialmente progresista y revolucionaria. Cuando convergen dentro de una misma revolución democrática dos corrientes históricas, una social y otra nacional, que se desarrollan paralelamente, aumenta en forma extraordinaria la posibilidad de las más inesperadas interreacciones, complicaciones y combinaciones, que obligan al proletariado a usar, cuando no a descubrir, las más diversas tácticas de lucha. Por esto es justo afirmar que el problema de la conquista de la dirección de la revolución burguesa por el proletariado es un problema condicionado por los factores específicos de una situación dada y que, mientras esos factores específicos no se presenten, el proletariado, sin perjuicio de su independencia y de la defensa de sus intereses inmediatos y mediatos, debe compartir con la burguesía la dirección de la revolución democrática, hasta en tanto se creen las condiciones en que por su fuerza, su capacidad de organización y las sólidas ligas con sus aliados naturales, pueda encabezar la revolución democrática, consumarla y transformarla en revolución socialista.

LA NECESIDAD DE NUEVOS PARTIDOS POLÍTICOS EN MÉXICO[7]

Corresponde a la Universidad Obrera el haber formulado la denominación de la presente conferencia y, por ello, el contenido que la normará a propósito de un tema como el de la necesidad que tiene México de nuevos partidos políticos. A primera vista, una generalización tan extensa como la que implica el referido tema podría inducir a equívocos y a juicios falsos, si no estuviera respaldada por una serie de discusiones y trabajos teóricos previos, entre los que merecen destacarse algunos discursos en la mesa redonda convocada por Lombardo Toledano, el propio discurso de Lombardo en dicha reunión y, finalmente, las palabras pronunciadas por este último en el banquete que le fue ofrecido con motivo de su viaje a Europa. El estudio del material teórico a que hago mención justificaría plenamente, para quien lo dudara, el por qué esta formulación de nuevo tipo acerca de la necesidad de que aparezcan en la arena política de nuestro país otros partidos que respondan a las nuevas condiciones que han traído consigo, de una parte el desarrollo de nuestra revolución democrática y, de otra, la influencia de la segunda guerra mundial y de sus dos grupos, positivo y negativo, de resultantes políticos, o sean, primero la victoria sobre el fascismo y el inicio de la revolución europea (sin contar el desarrollo y fortalecimiento de la revolución de los pueblos asiáticos); y segundo, el fortalecimiento del imperialismo yanqui y su rápida conversión en gendarme del mundo.

Podría pensarse, por gentes necesariamente superficiales o miopes, que el hablar de la necesidad de nuevos partidos políticos retrotrae a los marxistas a las posiciones del liberalismo. Sin embargo, nada más lejos de ello. Desde un punto de vista teórico, los partidos políticos representan la *conciencia organizada* de una clase en particular o de un grupo de clases unidas entre sí por una afinidad eventual o permanente de intereses. Si los marxistas preconizamos, entonces, la necesidad de que en México se formen nuevos partidos políticos, lo que queremos decir, y de hecho lo que decimos —solo que en el lenguaje adecuado—, es que el desarrollo histórico del país y la influencia que sobre tal desarrollo ejercen los factores externos, plantean la exigencia política de que la lucha de clases se profundice y amplíe, dentro de las nuevas condiciones existentes y mediante nuevos instrumentos, a fin de que las clases progresistas y revolucionarias obtengan las metas históricas que se han propuesto. Esto, y ninguna otra cosa, es lo que significa que los marxistas hablemos de "la necesidad de nuevos partidos en México".

Un examen de la historia del país a partir de la Independencia, demostraría que los partidos políticos en México no han sido estricta y cabalmente, sino hasta después de la revolución de

1910, lo que pudiera llamarse con propiedad partidos de clase. Los partidos tradicionales de la primera etapa independiente, escoceses y yorquinos y, en seguida, liberales y conservadores, nunca representaron específicamente a clases definidas, asentadas o ya hechas del todo. Representaron o clases en formación o clases en proceso de desaparición, y esto a causa de la fisonomía peculiar de México y de su extraordinario atraso social. Esto último es lo que determina la increíble complejidad del problema, pero al mismo tiempo lo que la explica. Véase si no: México obtiene su independencia política de España antes de integrarse siquiera como nación, en el sentido económico y social del término, y cuando ya existen en el mundo los grandes Estados nacionales: Inglaterra, Francia, Holanda, etcétera, y están en proceso de culminación nacional los Estados Unidos de Norteamérica, que precisamente consuman dicho proceso en el momento de anexarse los estados mexicanos de Texas, Nuevo México y la Alta California; México pretende desembarazarse del poder feudal de la Iglesia justamente cuando los más importantes países del planeta no sólo han consumado ya su revolución democrática, sino que se encuentran en pleno desarrollo de la libre concurrencia y el capitalismo; y, finalmente, México intenta acabar con el feudalismo para poder crear una economía moderna, cuando en los más grandes países de la tierra no sólo el capitalismo ha florecido sino que rebasa las fronteras nacionales y se transforma en un sistema imperialista de dominación mundial al que no pueden ser ajenos ni aun los más apartados rincones del mundo. Toda esta malla de contradicciones, de interferencias y desajustes, ha creado en la evolución histórica de México los anacronismos más originales y desconcertantes, los problemas más abrumadores e inesperados y la más dramática agudeza de contrastes, no sólo en el orden de la vida política sino aun en los órdenes cultural y artístico y en la psicología colectiva del pueblo. Salta a la vista que dentro de este abigarrado proceso histórico, la sociedad mexicana no haya podido constituir sus clases integrantes en una forma definida, ni cabal, ni perfecta; y que los partidos políticos tradicionales del siglo XIX, como representantes a un mismo tiempo de diferentes sectores dentro de sus propias filas, hayan evolucionado en apariencia por tan insólitos caminos y, así, en determinados momentos, el partido liberal se colinda con Santa Anna o el partido conservador vuelva las espaldas a Maximiliano, para no citar sino estos casos.

Las raíces del atraso histórico de México y de las aparentemente inexplicables contradicciones del país —atraso y contradicciones que no serán superados sino por la consumación plena y exhaustiva de la revolución democrática— hay que buscarlas en el régimen de dominación colonial y sus esfuerzos de tres siglos, primero para desarticular la que con el tiempo y por sí misma, hubiese devenido la nacionalidad aborigen y, después, impedir —aunque infructuosamente— la evolución de las fuerzas capaces de crear una nueva nacionalidad. La sumisión, opresión y envilecimiento de los indígenas y mestizos —materia prima de cualquier nueva nacionalidad— fueron siempre la piedra básica sobre la que se sustentó la política de la Colonia. Es necesario poner de relieve este hecho, que tanta influencia ha tenido a lo largo de nuestra historia, porque precisamente la lentitud, los obstáculos, las dificultades y los rodeos en el camino de la formación nacional de México, han sido factores esenciales para definir, por su actitud ante ellos, el carácter regresivo o progresivo de los partidos políticos. En otras palabras, ante las dificultades que ofrece la sociedad mexicana del siglo XIX, debido a su caótica estructura —cuando menos hasta los tiempos de Porfirio Díaz, y eso aun en forma relativa—, para trazar una línea precisa de demarcación entre las diferentes clases que la componen y saber, mediante esta línea de demarcación, el contenido de los partidos contendientes, ante esas dificultades de tan diversa índole y que pueden conducir a juicios erróneos (por ejemplo, considerar "progresista" a don Lucas Alamán por su política a favor de la industria y la creación del Banco de Avío), la única forma eficaz de que puede disponerse para medir los alcances revolucionarios o reaccionarios, según el caso, de los diferentes grupos sociales, el único "líquido revelador" que puede descubrir cuáles son dentro de la sociedad los núcleos representativos del progreso o del retroceso, es ese cierto número de condiciones que hacen de un partido o un grupo o una clase, partidos, grupos o clases nacionales o antinacionales. Al fundar don Lucas Alamán el Banco de Avío y la Dirección de Industria, realizaba, objetivamente, una política progresista; pero esta política se anulaba cuando el mismo Lucas Alamán hacía radicar el progreso económico del país en el advenimiento de un príncipe extranjero que enajenaría la independencia nacional. Tomemos el caso contrario: en caso de haberse aprobado los tratados Mac Lane-Ocampo, en las épocas de Juárez, la política revolucionaria de éste y el contenido eminentemente progresista de las leyes de Reforma se hubiesen desvanecido por completo —aun suponiendo que se conservaran intactas— hasta convertirse en reaccionarias a pesar de que objetivamente representaran un progreso político, por el hecho de que su vigencia implicaría al mismo tiempo la conculcación de la soberanía nacional de México por parte de Estados Unidos. Tan esto es evidente que así lo comprendió desde luego la aguda perspicacia y el recto patriotismo revolucionario de don Benito Juárez.

A causa, pues, de las condiciones específicas de su desarrollo histórico y de las contradicciones y factores tan particulares que han influido en ese desarrollo, las nociones de patria y progreso, nacionalidad y revolución, en México se confunden, son consustanciales, no pueden existir una sin la otra. A través de esta circunstancia, entonces, es cómo hay que analizar el problema de las clases sociales y sus partidos políticos, tanto por lo que hace a las experiencias del siglo XIX cuanto por lo que se refiere a las tareas históricas planteadas en 1910 y en la época actual.

Hemos establecido que durante todo el siglo XIX hasta la dictadura, los partidos políticos de México no podían llamarse en propiedad verdaderos partidos de clase por el hecho de que no existía tampoco una conformación precisa y rotunda de las mismas clases dentro de la sociedad y que, en consecuencia, para medir la política de dichos partidos era necesario aplicarles el reactivo de su actitud respecto a la nacionalidad, es decir, si tal actitud era en contra o a favor de la nacionalidad y si por ende se trataba de partidos patrióticos o antipatrióticos, revolucionarios o reaccionarios. Esto último tiene un estricto sentido social y económico desde sus orígenes. Ninguna nacionalidad puede nacer, desarrollarse, crecer y consolidarse sino mediante ciertos requisitos económicos y de desenvolvimiento social. La colonia española —por el contrario de lo ocurrido en otros lugares como en las Antillas— en México no tuvo la política de exterminar a las masas indígenas por la simple razón que necesitaba su mano de obra en las minas y las encomiendas; este hecho permitió más tarde que, con los españoles que sí tenían propósito de arraigo en la tierra, se hiciera el mestizaje que constituyó el embrión de la nacionalidad mexicana. Sin embargo, esta nacionalidad no podía desarrollarse sin antes sacudir el yugo colonial, por lo que, lógicamente, sobrevino la Independencia y, después de la Independencia, la Reforma, encargada de barrer con las supervivencias coloniales que continuaban siendo un estorbo para el desarrollo nacional.

La Reforma tuvo la virtud de sentar las bases económicas para que ulteriormente las clases de la sociedad mexicana adquirieran una fisonomía y perfil definidos, dentro de una organización relativamente estable. De esta suerte, bajo el porfirismo, junto a los terratenientes feudales herederos de la Colonia, el iturbidismo y el santanismo, y junto a las irredentas masas indígenas que a su vez representaban, sin alteración, la supervivencia de la servidumbre colonial, surgieron dos nuevas clases sociales: la burguesía y el proletariado. Sin embargo, estas dos nuevas clases aún no podían considerarse puras. Muchos de los burgueses dueños de fábricas, si no la mayoría de ellos, al mismo tiempo eran propietarios de grandes haciendas feudales y su sistema de explotación de las fábricas era asimismo un sistema feudal donde los obreros trabajaban en calidad de *acasillados*; y muchos de los obreros de las fábricas eran simultáneamente artesanos o campesinos temporeros que trabajaban a medias en parcelas teóricamente suyas. A pesar de que esto significó un progreso social, no trajo aparejado ningún elemento que contribuyera a la solución del problema que había dejado pendiente el periodo histórico anterior, es decir el problema de la integración nacional. Por obra de la existencia del feudalismo, las grandes masas indígenas no sólo estaban imposibilitadas de incorporarse a la nacionalidad sino aun eran perseguidas y diezmadas como ocurrió con los yaquis en Sonora y los mayas en Yucatán. El hecho se agravó considerablemente con la aparición del capital imperialista extranjero. Nuevamente la historia colocó a México frente a un dilema: o sacudía de sus espaldas el feudalismo y el imperialismo, encaminándose resueltamente por el sendero de su integración definitiva, o alejaba de su destino toda posibilidad de ser un pueblo libre convirtiéndose para siempre en una colonia del capital extranjero. México contó con la suficiente vitalidad para escoger el primer extremo del dilema y así sobrevino la revolución democrática de 1910.

Después de los antecedentes que hemos visto, estamos en condiciones de caracterizar el movimiento de 1910 como un movimiento que es, a la par, revolucionario y nacional. Revolucionario por sus propósitos de transformar la sociedad precedente y nacional por su empeño de integrar de una vez por todas la nacionalidad mexicana. Ninguno de estos dos propósitos puede vivir separado del otro, son términos cuya existencia no puede ser independiente —como ha ocurrido en otros países—, porque no lo permiten las condiciones concretas del devenir histórico de México. A este respecto es interesante mencionar el símil de que Lombardo Toledano se valió en su discurso del restaurante Chapultepec para indicar cuáles son los caminos que históricamente no puede seguir la revolución mexicana. Ni revolución "a la canadiense" que, si bien consuma sus aspiraciones democrático-burguesas, no altera la dependencia del país con respecto al extranjero; ni revolución "a la japonesa" que, si bien realiza sus postulados de industrialización, por otra parte somete al pueblo al totalitarismo y la miseria. Revolución mexicana, dijo Lombardo, es decir, no obstante el pleonasmo, revolución revolucionaria y nacional, la única históricamente posible para salvar a México.

Tomadas en cuenta estas circunstancias, es preciso examinar el papel que han jugado los partidos políticos ante el problema de la nacionalidad y de la revolución democrática —dos hechos indisolubles— tanto durante los prolegómenos de las mismas, a partir de la Independencia, como más tarde, en y después de 1910. Si aplicamos la imagen usada por Lombardo sobre las revoluciones "tipo japonés" o "tipo canadiense", podríamos decir que en el primer periodo del México independiente Agustín de Iturbide encarnó un cierto tipo de revolución "a la japonesa" —aun más retrograda, desde luego— y que Lucas Alamán, y quienes lo siguieron hasta no detenerse sino en Maximiliano de Habsburgo, representaron el "tipo canadiense". Sin embargo de no ser completamente exactas, desde el punto de vista histórico, estas comparaciones, tienen su utilidad por cuanto podemos advertir que, en efecto, las clases conservadoras de México sólo han discrepado entre sí por cuestión de detalles, pero se muestran de acuerdo en buscar una contrasalida al fluir lógico y consecuente de la historia, aun cuando para ello —como ocurre en el presente— simulen abanderarse de la revolución y defenderla. Los diversos fenómenos ocasionados por el atraso histórico de México —mucho más grave entonces que en nuestros días— impidieron a las clases liberales del XIX consumar la revolución democrático-burguesa, de cuyos postulados además no habían sino tomado una pequeña parte para inscribir en sus banderas. Las revoluciones del siglo pasado no fueron suficientes para dar a luz una clase o grupo de clases sociales, en nuestro país, lo necesariamente fuertes y audaces, ni lo necesariamente ligadas al porvenir más lejano de la patria, como para transformar radicalmente la sociedad y establecer en definitiva la nacionalidad mexicana. Esta profunda, grandiosa y singular tarea correspondería a la revolución de 1910, no sólo por demandarlo así su raíz histórica, sino por la necesidad en que se ha visto, desde sus comienzos hasta el presente —como también se verá en esa necesidad para el futuro—, si desea sobrevivirse, salvarse y alcanzar las metas a que está destinada, de luchar contra sus vicios de origen —por naturales y congénitos que sean—, contra sus limitaciones y sus retrasos, y contra las clases que se separen de ella porque históricamente están llamadas, a su tiempo, a consumar esta separación.

En estos términos y no en otros se expresa la dinámica de nuestra revolución mexicana. La posición que, con respecto a estos términos, adopten los partidos políticos y las clases por esos partidos representadas, será el mejor instrumento para caracterizarlos y para verificar, en proporción casi diríamos aritmética, la magnitud del papel que juegan como reaccionarios o como revolucionarios, como antinacionales o como nacionales, como patrióticos o como antipatrióticos.

Cierto que no se puede considerar a los partidos precursores de 1910, ni a los que siguieron más tarde, como partidos coherentes, disciplinados, estables, ni con un programa histórico conscientemente elaborado. Esto no es sino el fruto de las contradicciones y anacronismos de nuestro país, que hicieron posible que la propia revolución mexicana, con ser tan profunda y de alcances tan extraordinarios, recayese en el vacío caudillista de las revoluciones que la precedieron y se expresase no a través de los partidos sino a través de los jefes. Así, los partidos y las clases adoptaron los nombres de sus caudillos —hecho que a mi entender jamás se ha producido en ningún otro país del mundo, al menos en una forma tan alucinante como la mexicana— y nacieron en esta forma, casi como si no hubiese posible explicación racional, el maderismo, el carrancismo, el zapatismo, el villismo, el obregonismo, el delahuertismo, el callismo y el cardenismo. Este desconcertante barroco político tiene, sin embargo, su explicación. La revolución mexicana fue, físicamente hablando, digamos —aparte su complejo histórico y su naturaleza peculiar de revolución en atraso—, una revolución realizada por diferentes clases y subclases, grupos y subgrupos, y hasta especialidades, gremios, profesiones, cofradías, clanes masónicos y vecinos de manzana, cada uno de ellos con intereses propios que defender y ambiciones que lograr, pequeños o grandes, eternos o transitorios, trascendentes o intrascendentes, pero que bastaban para crear el fabuloso espectáculo que México contempló desde 1910 hasta 1928, sin contar ya las fantásticas escenas de gran guiñol que contemplara en el siglo pasado.

Por supuesto que ni el talabartero que surtía de arneses y chaparreras a los dorados de Villa, ni el sombrerero que dotaba de *tejanos* a las tropas de Carranza, ni el almacenista —de no haber sido él mismo— que prorrateaba garbanzos y maíz a los yaquis de Obregón, cuentan por nada en el proceso histórico de México. Por eso mueven a risa esos llamados viejos revolucionarios que, sin comprender dicho proceso, nos miran conmiserativamente y con aire suficiente para exclamar aquello de "yo anduve con mi general Villa, yo anduve con el primer jefe", y a los que dan ganas de replicarles: "¡Pero señor!... ¿Qué jijos anduvo usted haciendo ahí?"

En el análisis de la revolución mexicana los caudillos tienen importancia en tanto representan intereses y clases no transitorios, no episódicos, no superficiales ni anecdóticos. Puede decirse más aún: que ningún caudillo, individualmente, ha representado los intereses en conjunto de la revolución, sino apenas algún fragmento de esos intereses, cuando no precisamente los opuestos como en el caso de Francisco Villa, que hubiese evolucionado sin duda hasta llegar a ser una especie de tenebroso presentimiento del fascismo. Don Francisco I. Madero, con todo y ser el iniciador de la revolución, en los hechos prácticos no representó sino a cierto género de ricos terratenientes que se volvieron en contra del movimiento revolucionario apenas éste se dispuso a repartir las tierras. Don Venustiano Carranza, que con tanto celo defendió los derechos de México frente al extranjero, no tuvo escrúpulos en lanzar a las masas obreras contra los campesinos zapatistas; y Obregón, pese a sus méritos en otros órdenes, no vaciló en mandar ametrallar a los obreros tranviarios. Por estas razones, juzgar el desenvolvimiento de la revolución mexicana a través de los caudillos es un método erróneo. Por el contrario, la revolución mexicana debe ser examinada, primero, como fenómeno que tiene sus antecedentes en los problemas no resueltos del pasado histórico del país y por ello posee una dinámica propia y una trayectoria definida; y segundo, por las realizaciones logradas en virtud de esa dinámica y del tramo recorrido en esa trayectoria. En seguida es preciso examinar y descubrir cuáles son aquellas clases sociales que están en condiciones de impulsar la dinámica revolucionaria y de seguir su trayectoria, y en qué grado y por qué razones son capaces de ello. De esta suerte el consecuente problema de cuáles son los nuevos partidos políticos que México necesita, aparecerá mucho más claro ante nuestros ojos.

Ahora bien; ¿cuáles son esas clases y por qué puede llamárseles revolucionarias y hasta qué punto? Si aceptamos, con los datos que la experiencia histórica atestigua, que el movimiento iniciado como lucha armada en 1910 es un movimiento nacional-revolucionario que, por diferentes razones, no pudo alcanzar cabal y plenamente sus metas ni en 1810 ni en 21, ni en 24, ni en el 30, ni en el 57, sino que se vio obligado a posponer sus tareas, afrontando nuevas condiciones sociales y políticas, para la siguiente etapa (1910-1920), que por otra parte era la etapa en que se iniciaba en el mundo el periodo —aún no concluido— de guerras imperialistas, fascismo y revoluciones proletarias y coloniales, las conclusiones que podemos obtener son las siguientes:

1. Las clases nacional-revolucionarias de 1910 serían, primeramente, las herederas políticas de las clases progresistas y liberales del periodo revolucionario anterior, o sea la Insurgencia y la Reforma.

2. Estas clases nacional-revolucionarias fortalecerían sus recursos políticos con la aparición de nuevas clases, asimismo nacional-revolucionarias, y con la incorporación a la lucha de las masas que hasta entonces habían permanecido al margen de las reivindicaciones históricas.

3. Todo este conjunto representaría a aquella parte de la sociedad para la cual se había vuelto imposible la vida a causa de la inminencia en que se encontraba, no sólo de desaparecer en forma aislada, sino en compañía de la propia nacionalidad, la cual no podría subsistir tampoco, ahogada por la doble acción letal del feudalismo y el imperialismo.

Al examinar la situación de México en 1910, es posible darse cuenta que las clases comprendidas dentro de las tres características anteriores fueron justamente las clases que participaron en la revolución, o sea, la incipiente burguesía industrial, los terratenientes liberales (de quien Madero fue un representante típico), la pequeña burguesía, el proletariado, los campesinos e indígenas. Otros núcleos, que pudiéramos llamar "sin clase", tales como algunos intelectuales, profesionistas y artesanos, que indistintamente sirvieron a uno u otro sector social, tuvieron individualmente un papel destacado y, como ejemplo, podrían citarse a los abogados Antonio Díaz Soto y Gama y Luis Cabrera que ahora trabajan al servicio de los intereses precisamente opuestos a los que otrora defendieron, a veces hasta con entereza y valentía.

Después de la etapa armada y cuando la revolución se consolida en el poder, hasta los tiempos actuales, su propia dinámica histórica será la que señale hasta qué punto y hasta qué grado se conservará la coincidencia de intereses entre los integrantes del bloque de clases que inició el movimiento en 1910. Esta dinámica del desarrollo histórico planteará en un momento dado a las clases no proletarias del bloque nacional revolucionario, es decir, a las clases que tienen propiedad y que por ello son susceptibles de convertirse en conservadoras así que hayan satisfecho sus intereses económicos —la burguesía industrial, los terratenientes no feudales y, en muchísimo menor grado, la pequeña burguesía y los campesinos— planteará a dichas clases, repito, la necesidad de que rompan el mencionado bloque nacional revolucionario, aun a despecho de que la revolución democrático-burguesa no se haya cumplido.

Aquí es cuando entramos de lleno en el por qué de la necesidad de nuevos partidos políticos en México.

Dijimos al principio de esta conferencia que el hecho de que los marxistas hablemos de "la necesidad de nuevos partidos políticos" implica una formulación de tipo nuevo, no planteada nunca en otras circunstancias, sino justamente a la vista de las circunstancias, asimismo nuevas, que se han creado con motivo de la terminación de la segunda guerra mundial. Las referidas circunstancias, limitándonos a las más importantes, y sin olvidar las opuestas y a veces inesperadas influencias que llegarán a ejercer y desde ahora ya ejercen sobre los acontecimientos, son las siguientes:

a] El nazi-fascismo fue derrotado en el mundo. Las naciones de democracia capitalista y el país del socialismo resultan victoriosos.

b] Se inicia en Europa una revolución democrática de nuevo tipo, fuera de los marcos del capitalismo. Entre los pueblos asiáticos se fortalece la revolución antimperialista.

c] El imperialismo norteamericano sale considerablemente reforzado de la segunda guerra, a costa de sus antiguos rivales imperialistas (Inglaterra, Francia, Alemania, Japón).

d] El imperialismo norteamericano emplea la fuerza nuclear como arma de guerra, deviene rápidamente el gendarme del mundo y se prepara a encender una nueva conflagración.

e] El imperialismo yanqui toma medidas para liquidar la política de buen vecino y se propone el monopolio militar de América Latina.

Éstos son los hechos. Unos de naturaleza positiva y otros de naturaleza negativa. Por lo pronto, y de inmediato, los últimos pesan en forma gravísima y sin precedentes en la historia, sobre los destinos de nuestro país. México constituye el punto neurálgico en el sistema imperialista yanqui. Sin género de dudas y sin incurrir en exageraciones, puede afirmarse que nuestra revolución democrática está en peligro de desaparecer y con ella la propia nacionalidad mexicana, tal como ha ocurrido en otros momentos históricos en que nuestro pueblo ha sabido encontrar el camino de su victoria y salvación.

Ante tal perspectiva, nada sería tan peligroso como una ruptura del bloque nacional-revolucionario. Ni el proletariado, ni los campesinos, ni la pequeña burguesía, solos, podrían hacer frente a las dificultades. Ellos necesitan de sus aliados, de la burguesía industrial y de los terratenientes no feudales, de todos aquellos sectores no corrompidos por el imperialismo. Es por eso que los marxistas preconizamos la formación de nuevos partidos políticos que, por no existir ahora en México, servirían de núcleo orgánico a través del cual se expresaría la existencia física del bloque nacional-revolucionario. No nuevos partidos de los adversarios de la revolución democrática, no nuevos partidos de Acción Nacional, ni sinarquistas, es obvio que no; sino nuevos partidos, que antes no existieron, de nuestros aliados, los industriales progresistas y los terratenientes de tipo burgués. Por nuestra parte, la iniciativa está ya lanzada: contribuiremos al fortalecimiento del bloque nacional-revolucionario —que, como ha quedado dicho, no tiene una existencia orgánica, pero que debe tenerla mediante la creación de los partidos de las clases que lo integran—, contribuiremos al fortalecimiento de dicho bloque, repito, por medio de la formación de un partido popular que agrupe a los mejores elementos del proletariado, los campesinos y la pequeña burguesía.

Casi resulta inútil decir aquí que el partido popular no será en modo alguno el disfraz bajo el cual se oculte un nuevo partido del proletariado, en primer término porque tal partido ya existe representado por la gloriosa tradición de lucha del partido comunista de México y en segundo término porque los marxistas, como dijo Lenin, no tenemos por qué ocultar nuestros fines. El problema —que no compete a los propósitos de esta plática aunque interesa vitalmente a todos los marxistas por igual— de la transformación y, consecuentemente, el fortalecimiento del partido comunista de México, deberá convertirse, si hay el propósito serio de abordarlo con profundidad, en el problema común del marxismo mexicano, que discutan y resuelvan los comunistas miembros del partido y los comunistas que no son miembros de él.

Junio de 1947

MEMORÁNDUM SOBRE "LA SITUACIÓN DEL PAÍS Y LAS TAREAS DEL MOVIMIENTO MARXISTA EN MÉXICO" [8]

1. Después de la segunda guerra mundial el hecho más notable

y característico en la situación del país es que la hegemonía de la revolución mexicana ha pasado en su totalidad a la burguesía, después de un periodo de auge revolucionario (1933-40) en que dentro del bloque progresista el proletariado y los campesinos tuvieron la mayor influencia. En virtud de esta circunstancia ha llegado el momento de preguntarse hasta qué límites llegan las reservas revolucionarias de la burguesía y qué factores determinan la magnitud en que tales reservas pueden ponerse en uso. En el pasado más inmediato (antes y durante la guerra) estos factores, como se dijo, estaban representados por la clase obrera y su creciente papel hegemónico. Al presente, esos factores se han reducido casi exclusivamente al impulso que se deriva de las contradicciones internas de la propia burguesía. La contradicción —que sin embargo no es insoluble— entre el sector progresista de la burguesía (industriales, terratenientes capitalistas, accionistas y tenedores de bonos del gobierno) y el sector reaccionario representado por el capital financiero y comercial, ha hecho posible que la burguesía progresista aún no abandone como inútiles o peligrosos:

a] la profundización de la revolución democrática *desde el punto de vista burgués, no necesariamente popular* (industrialización del país e introducción del capitalismo en el campo), y

b] la lucha contra el imperialismo, igualmente desde el punto de vista de sus intereses de clase.

Sin embargo, la marcha progresiva de la revolución democrática no puede cifrarse tan sólo, para los revolucionarios, en el impulso que esta lucha en el seno de la burguesía pueda imprimirle, puesto que las perspectivas de tal contradicción son harto limitadas, en particular a causa de dos razones:

a] que se trata de una lucha en el seno de la clase poseedora, dispuesta siempre, en cualquier momento, a una *entente cordiale*, y

b] que se produce sin intervención y al margen del proletariado, el cual no participa ya ni influye decisivamente en la dirección de la revolución democrática.

El punto de apoyo, entonces, de la revolución democrática se ha reducido en el periodo actual a un factor deleznable sobre el que no hay que hacerse demasiadas ilusiones. La perspectiva, por otra parte, de una guerra imperialista, contrarrevolucionaria y antisoviética (que ya se ha desatado en el terreno político y aun en el militar contra pueblos como Indonesia y el griego) parece ofrecer a la burguesía mexicana la posibilidad de realizar sus fines por la vía reaccionaria, antipopular, aun cuando esto no signifique su capitulación ante el imperialismo. De esta suerte, una coyuntura histórica de tal naturaleza permitiría a la burguesía mexicana traicionar la revolución democrática sin dejar, por ello, de seguir siendo una burguesía "patriótica". (La revolución burguesa de 1848 en Alemania, por ejemplo, cuando las clases populares fueron eliminadas de la dirección por la burguesía, permitió a ésta consumar sus fines por la vía reaccionaria, resultado de lo cual fue el Estado gendarme de Bismarck y, muchos años después, con la derrota del proletariado en 1933, el III Reich de Hitler. Aunque el paralelo no pueda ser exacto, habría que estudiar este problema en relación con la revolución mexicana y el peligro en que se encuentra México de transformarse en una fuerza contrarrevolucionaria continental. Tenemos, más cercano, el ejemplo de la Argentina de Perón, quien indudablemente representa la revolución burguesa desnaturalizada, convertida en factor reaccionario.)

Hay que distinguir entonces entre los fines de la revolución democrática y los fines de la burguesía. El proletariado está interesado en los fines de la revolución democrática, porque la consumación de ésta lo aproximará al socialismo, pero también está interesado en los fines de la burguesía *hasta cierto punto y no más allá de este punto*, mientras tales fines puedan consumarse dentro de la revolución democrática. El factor nuevo, que no había aparecido sino hasta después de la segunda guerra mundial, es que la burguesía mexicana podrá realizar sus fines prescindiendo de la revolución democrática y aun con la tolerancia —cuando no la ayuda— del imperialismo, *situación que no existía antes ni durante la segunda guerra.*

2. La clase obrera está abandonada a sí misma, mediatizada por el Estado a través de los líderes traidores; sus fuerzas están desarticuladas y su conciencia oscurecida y atrofiada por el colaboracionismo. La clase obrera no constituye en la actualidad un factor político independiente. Los últimos vínculos de la clase obrera con los campesinos se han roto, pues la burguesía es quien ha conquistado su dirección, y los campesinos han podido obtener gran parte de sus demandas *sin el proletariado*. Merced a este cúmulo de circunstancias —y otros factores históricos que habrá que analizar en su momento—, los sectores marxistas no han podido convertirse en líderes del proletariado, sino que han devenido, por una "fatalidad" dialéctica, en líderes de la pequeña burguesía revolucionaria y democrática, apoyados por una opinión liberal flotante de eficacia circunstancial en lo político.

3. El Partido Popular no ha logrado aún realizar la tarea estratégica que se impuso de formar un bloque nacional-revolucionario con la burguesía industrial, la pequeña burguesía, el proletariado y los campesinos, a fin de profundizar la revolución democrática. La tarea de formar este bloque se hará cada vez más difícil (hasta que llegue a perder su validez política y práctica), en la medida en que la burguesía se sienta en condiciones de poder prescindir de sus aliados nacionales para apoyarse sin peligro en su aliado del exterior: el imperialismo, en particular el norteamericano. Las oscilaciones de la burguesía favorables a la revolución democrática, así, dependen en un todo de factores aleatorios (contradicciones internas y cambios imprevisibles en la política internacional), en los cuales no se puede apoyar de ningún modo una política. El Partido Popular deberá tener a la vista, para muy pronto, un viraje fundamental: transformarse en el gran partido de masas, dirigente de la pequeña burguesía y los campesinos. Por lo pronto y tal vez antes que nada, debido a nuestras circunstancias peculiares, ésta es la tarea inmediata y más importante de los marxistas. En la lucha por crear un partido de la pequeña burguesía y los campesinos, los marxistas asegurarán al proletariado, para las luchas venideras, un vínculo orgánico con sus aliados naturales. Pero esto no tiene sentido alguno si los marxistas no luchan, al mismo tiempo, por encabezar al proletariado y por transformarse en sus dirigentes, *desde ahora*. Ambas tareas deben plantearse entonces como simultáneas y paralelas. En consecuencia, nada más peligroso que seguir aplazando el problema de la organización independiente de los marxistas.

4. México está en el umbral de una situación extremadamente compleja, difícil, llena de tortuosidades y escollos, en la cual, si no se toman *de inmediato* las medidas adecuadas, el movimiento revolucionario estará en la inminencia de naufragar y hundirse por largo tiempo, no sólo en perjuicio de sí mismo, lo cual es obvio, sino en perjuicio del movimiento revolucionario continental, pues ni aun la perspectiva del triunfo del socialismo en la mayor parte de los países no americanos o una transformación revolucionaria de Norteamérica, podrían impedir que México y, con él, América Latina se transformasen, durante cierto periodo, en el baluarte de la reacción mundial. Debe comprenderse que la responsabilidad histórica de los marxistas de México es incalculable. Las medidas que se proponen, en consecuencia, son las siguientes:

Primera. El sector marxista-lombardista debe decidir que es una necesidad inaplazable la de crear un partido marxista único del proletariado en México y dar los pasos conducentes a ello:

a] Discusión teórica interna, con exclusión de cualquier otro grupo o personas, que comprenda un análisis profundo, desde el punto de vista de los principios y desde el punto de vista práctico, del problema, con un enjuiciamiento crítico, como punto de partida, de la historia del Partido Comunista de México.

b] Campaña de prensa, mediante un órgano especial, que promueva y actualice la cuestión del partido marxista desde el punto de vista doctrinario y teórico.

Segunda. Convocatoria a una conferencia de consulta en que estén representados el partido comunista, los marxistas-lombardistas y los marxistas sin partido, cuyas tareas sean las siguientes:

a] Análisis de la actividad marxista en México desde 1919 —año de la fundación del partido comunista— a la fecha.

b] Análisis de la situación actual y de las tareas del marxismo.

c] Discutir las posibilidades para los grupos marxistas, 1] de acción conjunta, y 2] de fusión orgánica.

El espíritu que debe animar esta conferencia es el de que la unidad por sí misma no significa ni vale nada. Esta conferencia no debe ser en modo alguno un intento de conciliación con los errores del pasado o del presente, ni una especie de "paz sagrada". Todos deben pagar por sus culpas sometiéndose a las consecuencias históricas de las mismas. Los marxistas-lombardistas deberán estar dispuestos a romper radicalmente con todos aquellos elementos que se empecinen en sus desviaciones, de cualquier clase que ellas sean. Naturalmente que los marxistas-lombardistas deberán estar dispuestos también a someter su actividad a la más honrada y rigurosa autocrítica.

Tercera. Declaración conjunta de los grupos marxistas de México y convocatoria a una conferencia o congreso de unidad.

De no ser posible que se llegase a adoptar la tercera medida, el marxismo-lombardismo debe hacerse cargo, bajo su responsabilidad y por separado, de la tarea de unificación del marxismo, llamando, por encima de sus dirigentes, a los marxistas de México, a la clase obrera e intelectuales, a la formación del partido del proletariado.[9]

México, D. F., febrero de 1949

RESPUESTA A LOMBARDO TOLEDANO[10]

1. LOS PROBLEMAS DE LA CONCIENCIA Y DE LA IDEOLOGÍA EN VICENTE LOMBARDO TOLEDANO

> Hasta ahora la historia de todas las sociedades ha sido la historia de las luchas entre las clases que las componen. Hombres libres y esclavos, patricios y plebeyos, nobles y siervos, gremiales y compañeros, en una palabra, opresores y oprimidos, han estado siempre en oposición directa.
> La lucha, ora sorda, ora declarada, ha sido continua. Batalla incesante que ha terminado siempre por una transformación revolucionaria de la sociedad entera, o bien por la destrucción de las clases hostiles.
>
> Marx-Engels, *Manifiesto del partido comunista.*

Si la historia se toma desde el punto de vista de su devenir social, o sea desde el punto de vista de que una sociedad dada es sustituida por otra, en virtud de leyes objetivas existentes, ¿cuál deberá ser nuestro criterio de análisis? ¿Analizaremos la historia como si ésta fuese un proceso de *integración de las ideas* o como la historia de *la lucha entre las clases* que se produce, hasta el presente, en todas las sociedades humanas, a partir de la aparición de las propias clases después del comunismo primitivo? La respuesta parecería ser lo suficientemente obvia como para no detenerse en ella, si el trabajo de Vicente Lombardo Toledano, "La izquierda en la historia de México", no nos obligara a ello.

Es evidente que si la historia *se estudia desde el punto de vista del devenir social*, ante todo deberá tomarse en cuenta lo que constituye el motor de dicho devenir: la lucha de clases. No son las ideas las que originan la lucha de clases, sino que ésta se produce al margen de las ideas y con independencia respecto a su desarrollo.

> El problema de la izquierda es ideológico —afirma Lombardo Toledano, y prosigue—: porque son las ideas en todos los tiempos las que encarnan el pensamiento de la clase social en el poder y el de los sectores sociales que se hallan en oposición a la doctrina dominante en los diversos aspectos de la vida pública. Y, además, porque si es cierto que las ideas reflejan los antagonismos sociales, los intereses de las clases en pugna, también influyen en la sociedad de la cual surgieron, contribuyendo a su orientación, al conocimiento del futuro inmediato y al señalamiento de la última meta.

Al parecer, el párrafo preinserto es inobjetable. Lombardo no elude el planteamiento de las ideas como un reflejo de los antagonismos sociales, de una parte, y de la otra, como un factor que influye sobre la sociedad de la que ha surgido y la orienta en el sentido que le señala su derrotero histórico. O sea, si Lombardo Toledano reduce la cuestión de la *izquierda* a un "problema ideológico" no ignora, sin embargo, las raíces sociales de éste. Hasta aquí, pues, sus enunciados tienen todos los visos de ser correctos. Pero no creo que nos debamos sentir del todo tranquilos con esto. Reducir el problema de *la izquierda* a una pura cuestión ideológica es lícito siempre y cuando el examen del sujeto (en este caso las ideas y su desarrollo histórico) no trate de derivar de ahí conclusiones ajenas al sujeto mismo, como si dichas conclusiones le correspondieran de un modo causal y directo, de tal suerte que las ideas terminen por proyectarse en la historia como un todo homogéneo, en progresión escalonada y continua, de una fase de desarrollo determinada a otra superior, en la forma en que lo dice el propio Lombardo Toledano.

> Si por izquierda debemos entender toda idea de progreso en beneficio de la humanidad, vinculada a un sector de una sociedad determinada en un momento concreto de su evolución, podríamos decir que la izquierda en el siglo XVI está representada por Bartolomé de las Casas, y que la derecha correspondió a quienes, en nombre de la Iglesia, por conducto de los reyes de España, conquistaron a las tribus indígenas, las dominaron y cometieron tales crímenes contra ellas que conmovieron a la opinión más esclarecida de Europa.

Lo ajeno al movimiento *real* de las ideas y a su contenido social e histórico, en las palabras que preceden, de Lombardo Toledano, resulta de ese prestablecido *trait d'union* que arranca de Bartolomé de las Casas y culmina, en nuestros días, con las ideas y el pensamiento del Partido Popular Socialista (léase el propio Lombardo Toledano) y del gobierno de la República, como concluye Lombardo.

Tal resultado —al margen de las ideas progresistas de Fray Bartolomé de las Casas o del gobierno de la República— es, desde luego, anticientífico. Pero, para desentrañar el por qué son *anticientíficas y ajenas al marxismo* las conclusiones de Lombardo en el trabajo de que nos ocupamos, es necesario desentrañar, ante todo, lo que ocultan, disimulan y eluden, con sutileza incomparable, sus enunciados previos.

Cierto —repetimos— que Lombardo no excluye el contenido de las ideas como encarnación del pensamiento de las clases, bien se encuentren éstas en el poder o se hallen "en oposición a la doctrina dominante". Añadamos todavía un párrafo más del trabajo de Lombardo, donde éste redondea su concepto de la izquierda en la forma que sigue:

> La izquierda ha sido, en todas las épocas, la actividad política fundada en una concepción revolucionaria del desarrollo de la sociedad, que expresa los intereses de los sectores resueltos a sustituir en el poder a los que lo detentan. Es siempre, en consecuencia, una clase social nueva, que emerge del régimen establecido y se propone la transformación progresiva de la sociedad, a la que debe considerarse, con su doctrina filosófica, como la fuerza de izquierda, dentro de las características peculiares de un momento histórico determinado.

El lector desprevenido ha de preguntarse, perplejo, dónde pueden estar, en los párrafos que llevamos transcritos de Lombardo Toledano, las premisas de sus conclusiones anticientíficas y oportunistas. Bien; como decíamos, Lombardo hace derivar sus conclusiones, de un modo *causal* y *directo*, del examen de las ideas progresistas como ideas vinculadas a "un sector de una sociedad determinada". O, dicho con más claridad por el propio Lombardo, del examen de tales ideas o de la izquierda misma, como "la actividad política fundada en una concepción revolucionaria del desarrollo de la sociedad" por lo que, en consecuencia, la fuerza de izquierda debe considerarse como aquella que corresponde a "una clase social nueva, que emerge del régimen establecido y se propone [su] transformación progresiva".

De tal modo, entonces, para resumir, la existencia de las ideas tiene, por sí misma, las siguientes virtudes intrínsecas: por cuanto a las ideas en general, la de que éstas reflejen, por su sola presencia, los intereses de las clases en pugna, los antagonismos sociales; y, por cuanto a las ideas progresistas o de izquierda, la de que éstas se encuentren siempre vinculadas a los sectores resueltos a "sustituir en el poder a los que lo detentan", mediante una actividad política que se sustenta en "una concepción revolucionaria del desarrollo de la sociedad".

Si se quieren descubrir, así, las premisas anticientíficas y oportunistas de Lombardo Toledano, no sólo hay que buscarlas en lo que dice, sino en lo que, con toda intención, calla. Cualquier aprendiz de marxista sabe con absoluta claridad que la existencia de las ideas, *por sí misma,* no puede reflejar los antagonismos sociales; ni que la aparición de las ideas de izquierda o progresistas, *por sí misma,* ya indique la presencia de una *actividad política* de una o más clases revolucionarias de la sociedad. Un determinado contexto ideológico en sus momentos de equilibrio interno, por ejemplo, no refleja directamente los antagonismos sociales o las pugnas de intereses de clases opuestas, sino hasta cuando aparecen los factores o premisas condicionantes de tal reflexión. La ideología refleja, indistintamente, según las circunstancias, los estados de equilibrio social transitorio —en que los antagonismos sociales se encuentran inactivos— o los estados de crisis revolucionaria, en que las contradicciones internas de la sociedad emergen violentamente a la superficie. Incluso, la ideología anticipa la aparición social de estas contradicciones. Las ideas revolucionarias, avanzadas o de izquierda ("la concepción revolucionaria del desarrollo de la sociedad") no aparecen paralelamente o como resultado de la *actividad política* de los sectores sociales resueltos a arrebatar el poder a quienes lo detentan, ni de la *actividad política* de la clase nueva que tienda a una transformación social. Por el contrario, las ideas avanzadas, la ideología revolucionaria radical, precede siempre a la *actividad política consciente* de la clase o clases que en ellas se verán representadas: se trata, precisamente, de que las clases nuevas y revolucionarias se vean a sí mismas proyectadas (como clase o clases *para sí*) en estas ideas o ideologías, para que puedan lanzarse a la actividad, a la acción política. Esto es lo que Lombardo Toledano no intenta esclarecer, o mencionar siquiera. Examinémoslo.

Lombardo Toledano nos dice que "el problema de la izquierda es ideológico" y contrapone esta afirmación a quienes pretenden que se trata, en cambio, de un problema filológico, pues los partidarios de esta definición presentarían a las personas y a las ideas de dichas personas, sin tomar en cuenta su raíz social ni "las clases sociales a las que pertenecen". Lo curioso de esta actitud de Lombardo es que endosa, de buenas a primeras, contra un contendiente imaginario (el que representarían los partidarios de la definición "filológica" de la izquierda) el "desliz" anticientífico en el que él mismo incurre, bien que encubierto en enunciados formales sobre los antagonismos de clase: el ignorar deliberadamente el punto de la ideología donde radica *la actividad* de su contenido de clase, o sea la *conciencia.* No; Lombardo, en efecto, no niega el contenido de clase de lo que es la izquierda "como problema ideológico", lo cual sería demasiado para un sedicente marxista, así se trate de alguien como él. Lo que Lombardo Toledano hace, simplemente, es eliminar el factor *conciencia*, suplantar el concepto de *conciencia* diluyéndolo, haciéndolo desaparecer, disimulándolo en lo que constituye la izquierda en la condición de un conjunto de ideas cuyo vehículo de realización histórica, cuyo instrumento de práctica, Lombardo se cuida con el mayor tacto de no precisar o cuando menos insinuar. Tanto vale esto, pues, a que Lombardo presentara la ideología al margen o por encima de las clases y sus antagonismos, si despoja a las ideas de su concreción social que se expresa en, con y por la conciencia histórica de cada una de ellas como *conciencia organizada* en una forma u otra, a través de las diversas etapas del desarrollo.

En su empeño, pues, de excluir el fenómeno de la *conciencia de clase* como instrumento de realización de la *ideología* —al servicio, tal exclusión, de una tesis determinada respecto a estrategia y táctica políticas contemporáneas— a Lombardo Toledano ya no le importa caer en las más burdas aberraciones teóricas, indignas de un principiante, pero no indignas, al parecer, de un sistemático y consciente deformador oportunista del marxismo. Analiza así la historia, como decíamos al principio, al modo idealista, antidialéctico —y groseramente subjetivo, por ende— en que no lo haría el más iletrado y ramplón de los politiquillos liberales de provincia, esto es, como un proceso —incluso ininterrumpido— de integración de las ideas y, en última instancia —pese a curarse en salud al respecto— como si las ideas fuesen las determinantes únicas —por algo parecido a cierta ósmosis revolucionaria— del devenir y los cambios sociales.

Lombardo Toledano se sirve de la historia como coartada política del oportunismo o, más en concreto, de *su* oportunismo. La sustitución —que hemos señalado— del problema de la conciencia por la ideología, no es sino el intento que hace por evitarse el trago amargo de la lucha de clases, y sustentar sobre ello su concepto colaboracionista y antidialéctico de lo que se ha dado en llamar "frente nacional patriótico" o "frente de liberación nacional". (Como si el país estuviese en *estado de guerra* con alguna potencia extranjera, o estuviese *ocupado militarmente*, en cuyo caso estas formulaciones sí encerrarían un contenido táctico inmediato, digno de consideración, pero siempre de acuerdo con las circunstancias peculiares que se presentasen.)

Analizaremos, entonces, a continuación, cada una de las afirmaciones contenidas en el trabajo de Lombardo Toledano sobre la izquierda en México, para concluir con el candente problema de la alianza de clases en un "frente de liberación" y, paralelamente, lo que significa la *conciencia organizada* del proletariado como *su partido de clase único*.

2. LAS RELACIONES DE CLASE EN LA HISTORIA DE MÉXICO, VISTAS POR LOMBARDO TOLEDANO

La primera afirmación de Lombardo Toledano en su trabajo "La izquierda en la historia de México" —si descontamos las premisas ya vistas en nuestro artículo anterior y de las que él se ha servido como de indudable petición de principios— consiste en decir que "nuestra historia comienza en el siglo XVI" en razón de que la conquista "produce instituciones, métodos de gobierno, cambios profundos en la composición social de la población e ideas que habrían de contribuir tanto a la formación de un pueblo nuevo, distinto al indígena y al español, como al nacimiento y al desarrollo de una nación con caracteres propios e inconfundibles".

Maravilla no tanto, en este párrafo de Lombardo, que se ignore y se dé por clausurada la etapa prehispánica de lo que hoy es México, como historia *que también le pertenece*, cuanto se pase por alto, con una ligereza que no puede tacharse sino de frivolidad intelectual, lo que es el México de hoy, que apenas si acaba de consumar, en lo que va del siglo XX, su proceso de integración nacional.

Cierto que Lombardo no dice que en el siglo XVI haya aparecido ya la nación mexicana (aunque la conquista sienta las bases de su maduración, según el propio Lombardo, en el siglo XVIII), pero el hecho de que sitúe el comienzo de nuestra historia en el siglo XVI pone a las claras su franca tendencia a desembarazarse, como engorrosa impedimenta, de las contradicciones heredadas por México y que sobreviven en la actualidad bajo muchos aspectos, de nuestro pasado indígena. Contradicciones, *sobre todo y precisamente*, de integración nacional. Lombardo sacrifica de este modo el método científico —en bárbara degollina prehispánica— ante el gran teocalli de su definición de una izquierda del siglo XVI como "protesta encendida contra los encomenderos", de una parte, y de la otra, ante su concepto de una nación mexicana que, como tal nación, "ha madurado ya" en el siglo XVIII.

Las consecuencias del sacrificio que consuma Lombardo Toledano no se dejan esperar, en contradicción flagrante con la tesis que ha venido sosteniendo sobre lo que representa la izquierda en nuestra historia. En primer lugar —y a costas, por supuesto, del materialismo histórico—, Lombardo tendrá que compartir el "indigenismo" (reaccionario desde el punto de vista científico) de nuestros historiógrafos contemporáneos, sobre la naturaleza que reviste la conquista. Así, mientras Bartolomé de las Casas representa "la izquierda" del siglo XVI, las ideas de progreso vinculadas "a un sector de una sociedad determinada en un momento concreto de su evolución" (¿cuál sector, cuál sociedad y cuál momento?), según Lombardo, éste sólo ve en la conquista a "la derecha" que comete toda clase de los crímenes que "conmovieron a la opinión más esclarecida de Europa". Pero analizadas las relaciones sociales que plantea el choque histórico de la sociedad, en el estadio superior de la barbarie, del Anáhuac, con la sociedad europea feudal representada por los españoles de la conquista, las cosas resultan diferentes en absoluto. La conquista del Anáhuac es, de hecho, un fenómeno progresista, avanzado y revolucionario, pese a sus crueldades, que sustituye unas relaciones de producción inferiores por otras de tipo superior.

Empero, Lombardo Toledano prosigue, al referirse en breves líneas al siglo XVII en el antiguo Anáhuac, con las siguientes palabras:

> La conquista se consuma —afirma—. Los españoles organizan el gobierno de su colonia. Los descubrimientos de nuevas tierras y la posesión de ellas en nombre del monarca al que sirven. amplía el ámbito de la Nueva España. Pero el siglo XVII es, también, la centuria en que el mestizaje, fruto de la unión de los españoles e indígenas, se consolida como un hecho demográfico y social imposible de impedir. Es, asimismo, la etapa del desarrollo de una clase social que habría de tener una gran importancia hasta la revolución de independencia, la de los criollos, hijos de padres españoles, nacidos en México.

El párrafo preinserto no representa de tal suerte, sino la derivación lógica de la renuncia al método marxista en que por sí propio naufraga Lombardo Toledano dentro de las más peregrinas e insostenibles afirmaciones. Antes ha tenido que cerrar los ojos ante el carácter social e histórico objetivo que reviste la conquista y en seguida, como resultado de su "concesión" precedente, se ha visto en la necesidad de olvidar las relaciones de clase en Nueva España para sustituirlas por una pretendida madurez de la nación mexicana y, todavía peor, la aparición de una nueva *clase social*, "la de los criollos" (!), como la clase más progresista o que llegaría a representar las ideas más progresistas en las condiciones de la época.

Decíamos que Lombardo no advierte, en la conquista, los rasgos fundamentales que ésta tuvo como un proceso social e histórico *no coincidente* con las ideas más progresistas y avanzadas de su tiempo. Pero la salvedad que debe hacerse aquí no debe dejar lugar a dudas sobre la argucia metodológica de que se sirve Lombardo a despecho del análisis marxista, a despecho y en contra del materialismo histórico. Esta no coincidencia de la conquista con las *ideas universales* más avanzadas de su tiempo no significaba de ningún modo que la propia conquista dejase de ser avanzada y progresista, ella misma, *respecto a la sociedad indígena con la que entraba en choque* (incluso desde el punto de vista ideológico, si se toma en cuenta que introducía el monoteísmo, como forma superior de la ideología religiosa en relación con el politeísmo prehispánico). La conquista introdujo en el Anáhuac nuevas relaciones de propiedad y de producción, así como nuevos instrumentos desconocidos, como lo fue el caballo, si se descuentan la pólvora y las armas de fulminante, todo ello factores revolucionarios en la transformación social e histórica del Anáhuac.

Por lo que se refiere al proceso del mestizaje, la comprensión de Lombardo Toledano no pasa más allá del punto de vista que han venido sosteniendo, de siempre, nuestros historiadores liberales, si acaso más "revolucionarios" y de "izquierda", tan anticientíficos como los conservadores, aunque menos rigurosos y serios que estos últimos. El fruto que recoge Lombardo de su consciente y deliberado olvido del marxismo viene a ser, así, de lo más extraordinario: descubre una nueva clase social, ¡la clase de los criollos, hijos de padres españoles, nacidos en México!

Veamos cómo ocurren las cosas. Lombardo Toledano nos dice que el siglo XVII en Nueva España es la centuria en que "el mestizaje, fruto de la unión de españoles e indígenas, se consolida como un hecho demográfico y social imposible de impedir". Con esta afirmación solemne y plana ("un hecho demográfico y social *imposible de impedir*", como si hubiese habido quien tratara de impedirlo), Lombardo Toledano se considera a salvo de la obligación en que se encuentra, como sedicente ideólogo marxista, de analizar las causas reales, objetivas e históricas del mestizaje, o sea, las *causas económicas* que lo determinaban *inevitablemente*. Causas cuya acción no sólo no trataron de impedir los españoles conquistadores ni sus aliados indígenas, sino que los primeros, ya asentados en la tierra, trataron de acelerar y proteger por todos los medios. Baste comparar el carácter que reviste el asentamiento de los españoles en Cuba con el que adopta en Nueva España. En la primera no les importa a los españoles el exterminio de la población indígena, al grado de que más adelante se verán obligados a importar mano de obra, brazos africanos para las plantaciones. En Nueva España, por el contrario, aparece la necesidad de conservar la mano de obra indígena —cuando el asentamiento español hace indispensable la explotación productiva de la tierra y no el simple saqueo de las riquezas naturales— y el mestizaje se produce e incrementa como una necesidad económica ineludible y no tan sólo "como un hecho demográfico y social".

Por lo que se refiere a "la clase" de los criollos, que Lombardo descubre en Nueva España, hay que decir algo que, desde luego, el primero en no ignorarlo es el propio Lombardo Toledano. Ni los criollos —ni los mestizos— y bien, ni los españoles, constituían clases sociales determinadas en la Nueva España o, ulteriormente, en el México del siglo XIX. Los indígenas y los mestizos constituyeron la gran masa despojada, explotada y oprimida, en grados diferentes, por españoles y criollos. Por cuanto a las relaciones de propiedad, pues, había una minoría poseedora de los medios de producción y una inmensa mayoría carente de los mismos, por más esquemático que pueda parecer este cuadro a los "marxistas" que, por aversión a las "fórmulas", prefieren mejor prescindir de los principios generales de la ciencia. Los criollos, si bien deben considerarse como un estrato social discriminado por los españoles peninsulares en una serie de aspectos, pertenecían a las clases explotadoras y opresoras. No constituían una clase social por separado, en la misma forma que tampoco los mestizos, ciertos de los cuales comenzaron a pertenecer a las clases y capas sociales dueñas de la tierra, en las postrimerías de la Colonia y más tarde se beneficiaron grandemente, como nuevos propietarios, con la desamortización de bienes de manos muertas, en el movimiento de Reforma.

El problema de los españoles, criollos y mestizos, tanto como el de los indígenas, no se puede abordar, en el análisis histórico de la Nueva España —si se quiere hacer luz sobre ello con un criterio marxista— sino desde el punto de vista de las relaciones de propiedad, que será el único que nos esclarezca el panorama para entender las estratificaciones sociales, es decir las clases.

Miguel Othón de Mendizábal, el ilustre investigador desaparecido, enfoca la cuestión de españoles y criollos de Nueva España en dicha forma, disipando de una vez por todas las nebulosidades de un problema que historiadores liberales e "indigenistas" han abordado de un modo tan confuso y superficial. Dice Othón de Mendizábal en su ensayo sobre *El origen de nuestras clases medias*:

> El número total de fincas rústicas existentes en la Nueva España, incluidas las provincias internas, en 1810, según don Fernando Navarro Noriega, Contador Mayor de Arbitrios y eminente estadístico, era de 10 438 (3 749 haciendas y 6 689 ranchos). Suponiendo que las propiedades de la Iglesia llegaran a 438, quedarían 10 000 fincas rústicas de propiedad particular.

Y más adelante:

> Estas diez mil propiedades eran poseídas, en casi su totalidad, por españoles y criollos, sin que se pueda saber en qué proporción, pues las propiedades españolas en una generación, eran criollas en la siguiente y volvían a ser españolas, con muy contadas excepciones, a la tercera o la cuarta generación, particularmente por matrimonios de los españoles peninsulares con las herederas criollas.

Hasta aquí Othón de Mendizábal. Como puede verse, al margen e independientemente de que los criollos fuesen una capa social, repetimos, víctima de exclusiones en el usufructo de los puestos públicos y las canonjías del gobierno virreinal, amén de otros tipos de discriminación, formaban parte de la clase propietaria y explotadora de las mayorías. Esto no representó, empero, obstáculo alguno para que entre los criollos se produjeran y destacaran algunos de los ideólogos más representativos en dicho periodo histórico, fenómeno que también aborda Lombardo, con todo, igualmente en forma equivocada y con una metodología falsa, como esperamos demostrarlo.

3. LA MADUREZ NACIONAL E IDEOLÓGICA DE NUEVA ESPAÑA EN EL SIGLO XVIII, SEGÚN LOMBARDO TOLEDANO

Hasta lo que llevamos visto del trabajo "La izquierda en la historia de México", Lombardo Toledano ha hecho algunas afirmaciones que, por el papel que desempeñan en la fundamentación de una actitud política actual del dirigente del Partido Popular Socialista (PPS), deben ser resumidas y recordadas.

Lombardo ha hecho los siguientes enunciados: a] en el siglo XVII se consolida el mestizaje, fruto de la unión de españoles e indígenas, y se desarrolla la clase social de los criollos, fenómenos, ambos, que serán los ingredientes de la madurez de la nación mexicana en el siglo siguiente, o sea el siglo XVIII; b] en el siglo XVIII, la nación mexicana ha madurado ya, porque constituye una "comunidad históricamente formada"; c] es esta nación, y no el régimen colonial en decadencia, la que crea a los ideólogos y a los hombres de letras y ciencia durante dicho periodo; d] los criollos más capaces son los que comienzan a ver en la "nueva filosofía" el arma de que servirse para la conquista del poder político.

Transcribimos a continuación el texto en que Lombardo se refiere a la madurez nacional e ideológica de México en el siglo XVIII. Dice Lombardo:

> Se ha dicho, con razón, que el siglo XVIII es el "siglo de oro" de la época colonial de nuestro país. Pero la mayor parte de los historiadores atribuyen el florecimiento intelectual de la Nueva España a la aparición espontánea de hombres de cultura superior preocupados por la suerte de México. Esta afirmación es válida sólo en parte porque si es verdad que este siglo representa en el viejo mundo no sólo el desarrollo de la filosofía racionalista y el avance de la ciencia, basada en la doctrina materialista cuyos principios llegan hasta aquí, también es cierto que lo fundamental en el siglo XVIII es que la nación mexicana ha madurado, porque ya es una comunidad históricamente formada, una comunidad de territorio, de vida económica y de carácter psicológico que se expresa a través de la lengua española difundida en todo el país, con una conciencia propia hecha en trescientos años de evolución llena de constantes contradicciones.
>
> Es la nación que surge la que produce a los ideólogos y a los hombres de letras y de ciencia más destacados del virreinato y no el régimen colonial en completa crisis.

Hay que poner de relieve, en el párrafo precedente de Lombardo, lo que constituye su concepto esencial, para estar en condiciones, luego, de darnos cuenta del *funcionamiento* de los conceptos secundarios o aparentemente secundarios. Porque resulta que el sistema discursivo de Lombardo tiene características muy curiosas que necesitan, siempre, ser esclarecidas, pues de lo contrario se está en el riesgo de que pasen inadvertidos los escamoteos ideológicos que con tanta habilidad practica y que constituyen ya, como modo de ser, la segunda naturaleza verdadera, el modo doble de estar ideológicamente constituido Lombardo Toledano. Tal sistema discursivo, con mucha frecuencia, consiste en que Lombardo opone dos conceptos análogos, uno al otro, pero como dejando entender que encierran cierta condición antagónica, excluyente, aún imprecisa, pero que, cuando el lector menos lo piensa, brota, como por ensalmo, en un tercer concepto o factor ajeno en absoluto a los dos precedentes, lo que aparece, entonces, como una inobjetable relación causal.

El concepto-eje en el párrafo preinserto de Lombardo, a saber, es el que sigue: la mayoría de los historiadores atribuye el florecimiento intelectual de la Nueva España en el siglo XVIII a la generación espontánea de hombres de cultura superior preocupados o interesados por los destinos de México. Pero lo cierto es que, al margen del desarrollo ideológico universal, en virtud de la madurez de la nación mexicana en el siglo XVIII, ésta dispone de una "conciencia propia" que le permite producir a sus ideólogos e intelectuales.

Ahora bien; aquí es donde comienzan a hacerse palmarias las contradicciones —y las intenciones— de Lombardo. Como no es exacto, en modo alguno, que la nación mexicana haya madurado ya como tal en el siglo XVIII, Lombardo tiene que sostener su afirmación remitiéndola a la *madurez de las ideas* dentro del propio país, madurez que identifica, sin el menor fundamento objetivo ni verdadero, con la *madurez nacional*.

Nadie podrá suponer, evidentemente, que Lombardo incurra en tamaña ligereza por incapacidad suya de aplicar el materialismo histórico a determinadas condiciones específicas del desarrollo de México. Si Lombardo demuestra, por el contrario, una capacidad casi sin límites para deformar el método marxista, bien podrá valerse de estas dotes singulares para aplicarlo con rigor y honestidad científicas. Pero no; se trata de otra cosa.

Lombardo Toledano necesita de una *madurez nacional* en el siglo XVIII que explique el desarrollo a que han llegado las ideas en dicho periodo, porque sustentándose en éste y otros enunciados semejantes, pretende fortalecer su punto de vista —en relación con la política actual— de que siempre ha existido, a lo largo de la historia del país, una *ideología nacionalista de izquierda* (o sea, que la izquierda deberá haber sido siempre *nacionalista*), de hecho sin solución de continuidad, ideología que culminaría en el presente con los gobiernos progresistas emanados de la revolución mexicana democrático-burguesa de 1910-17.

Es por ello que, con gran cautela y suavidad, Lombardo opone dos causas del desarrollo ideológico en el siglo XVIII de la Nueva España: la causa del desarrollo universal de las ideas (en el viejo mundo) y la causa del florecimiento de las mismas en el país como una resultante obligada de la madurez de la nación, para, de pronto, salirnos con una tercera conclusión negativa, ajena a los componentes del proceso: es la nación mexicana que surge y no el régimen colonial "en completa crisis", la que produce a los ideólogos de aquella etapa del virreinato. Lombardo, así, al presentar una tercera oposición (pero no dialéctica de ningún modo), que se cifra en el elemento: "régimen colonial en completa crisis", fortalece —aunque sólo sea en la apariencia discursiva— con dos hechos objetivos reales (la crisis del régimen y el fortalecimiento de las ideas y la cultura), un tercer hecho inexistente e irreal aun: la madurez de la nación mexicana cuando ésta todavía se encuentra muy lejos de producirse en el terreno de las realidades históricas.

¿A dónde quiere conducirnos Lombardo Toledano con esta actitud? Quiere conducirnos —y ya lo hemos dicho en la primera parte del presente trabajo— a la negación del contenido de clase de la ideología y, más precisamente, de la ideología de izquierda, pero no tanto en relación con el siglo XVIII, cosa que lo tendrá bien sin cuidado, sino en relación con nuestro siglo XX y con nuestra clase obrera mexicana del siglo XX. Es claro que si Lombardo limita a sus extremos más estrictos, en el siglo XVIII, la influencia del desarrollo ideológico universal sobre las ideas de Nueva España, haciéndolas depender, "en lo fundamental", de una nación mexicana "ya madura", explique en el siglo XX, a la inversa, la inoperancia de la ideología proletaria universal sobre una clase obrera inmadura, como hace suponer a la de nuestro país, clase obrera cuyos "derechos fundamentales" han sido salvaguardados y protegidos, desde el Congreso Constituyente de 1917, bajo el manto de la revolución democrático-burguesa. Lo que no añade es que esta protección y salvaguarda se han realizado siempre con las beatíficas intenciones de que los obreros no lleguen a conquistar ni su madurez ni su independencia como clase proletaria.

Decimos que en el siglo XVIII la integración nacional de México está muy lejos de consumarse y que tal integración apenas inicia en firme su proceso en el siglo XX, y sin duda alguna con la revolución democrática de 1910. Pero Lombardo Toledano, como los demás "marxistas" democrático-burgueses de la "izquierda mexicana", confunde deliberadamente los términos y las relaciones históricas, a fin de oscurecer el problema esencial que preside el carácter peculiar de desarrollo social y político que tiene esta primera mitad —e inicio de la segunda— de nuestro siglo XX mexicano. Tal problema no es otro que el que se deriva de la falta de independencia de la clase obrera y, consecuentemente, de la ausencia histórica de un auténtico partido del proletariado en México.

Acerca de la mencionada confusión de los términos y las relaciones históricas —por parte de Lombardo y otros demo-marxistas nacionales— hablaremos en nuestro siguiente artículo.[11]

LA ENAJENACIÓN DE LA SOCIEDAD CONTEMPORÁNEA Y EL CANTO DEL CISNE DE LOMBARDO TOLEDANO[12]

En la víspera de la matanza de Tlatelolco y un mes con dieciséis días antes de su propia muerte, el primero de octubre de este año de 1968, Vicente Lombardo Toledano dictó una conferencia sobre los problemas que agitan a la juventud del mundo y de México, problemas que quiso enmarcar dentro de la cuestión —que la rebelión juvenil, cuando menos la más significativa: Francia-México, no se ha planteado— de si el marxismo se confronta o no con su envejecimiento como filosofía y como doctrina social. Esta conferencia fue pues el último trabajo teórico que Lombardo produjera antes de morir el 16 de noviembre, lo que le da cierta jerarquía de un testamento político, y en otro aspecto se aviene a la imagen proverbial del canto del cisne, ave de la que es fama entona una postrer melodía como su modo de despedirse de la vida. El Cisne que muere con Lombardo (Cisne con mayúscula, a la manera de Darío) anuncia con su canto, empero, algo más que la muerte de Lombardo mismo: dentro de las circunstancias históricas contemporáneas del mundo y de México, no es sino la despedida de un sistema de ideas en quiebra, que intenta todavía dar unos pasos más y decir unas cuantas palabras más ante un público que ya no es el suyo y ya no comprende su lenguaje, en tanto comienza a caer el telón con que la comedia habrá terminado.

La juventud ya no escuchó el canto fúnebre de Lombardo Toledano: aquél se dirige a las máscaras deshabitadas de abstractos jóvenes vacíos inventados por el comediante mismo, como si éste, en una póstuma aberración antropomórfica, intentase que en el envejecimiento y desgaste de sus propias ideas y persona, la juventud debiera mirar el desgaste y envejecimiento de las ideas y metodología del marxismo como tal. De aquí que dentro del cuestionamiento de la problemática en que la juventud de nuestro tiempo se encuentra, Lombardo haya querido insertar una presunta rebeldía de los jóvenes contra una no menos presunta caducidad del marxismo, rebelión que a impulso de su actitud crítica se habría colocado, por obvia inevitabilidad, en las posiciones de una curiosa mescolanza ideológica repartida alícuotamente en las correspondientes posiciones de trotskismo, freudismo y existencialismo —que le fuesen necesarias— para integrarse como *neomarxismo*. Del neomarxismo a la neorrevolución o Nueva Revolución (únicamente que Lombardo no la pone con mayúsculas) no habría pues ni un solo paso de distancia, ni el grueso de un cabello de diferencia. De tal suerte que es contra ellos —la nueva revolución y el neomarxismo— contra los que Lombardo endereza el fuego más graneado de sus baterías, suma y esencia de ese canto del cisne que habría de preceder como fúnebre melopea democrático-burguesa —en garganta de ave marxista-oportunista— al coro alucinante y descarnado de las balas fascistas con que soldados de la burguesía mexicana masacraban a la juventud la noche del dos de octubre de 1968 en Santiago-Tlaltelolco y sobre la plaza grotescamente llamada de las Tres Culturas.

Comencemos pues por decir que, en efecto, la problemática que plantea la juventud de hoy encierra las premisas de una Nueva Revolución y que también, en efecto, se trata de asumir una *nueva* actitud ante el marxismo: *nueva* por cuanto a la asumida a partir de los últimos cuarenta años por los, ésos sí, *neomarxistas* que mediatizaron la doctrina y la manejaron y la deformaron a su antojo después de la muerte de Lenin y la liquidación —física o política— en el mundo entero de los enemigos revolucionarios del stalinismo.

Pero antes de tocar esta materia, escuchemos con detenimiento el canto de Lombardo Toledano, para que así podamos registrar debidamente sus desafinaciones.

Los ideólogos de la Nueva Revolución, y de los cuales provendrían los últimos movimientos juveniles de impugnación en todo el mundo —según Lombardo—, parten de un grupo de consideraciones teóricas que se resumen en los siguientes postulados: a] la generación adulta, dueña de los mandos del poder político, es insensible a las transformaciones que exigen la juventud y las masas populares; b] el desarrollo vertiginoso de la técnica y de la ciencia han dejado atrás a las formas tradicionales de gobierno; c] las ideas revolucionarias del pasado ya no tienen vigencia y han dejado de servir para la conducción del pueblo; d] los "partidos ortodoxos de la clase obrera" han caducado y tampoco desempeñan un papel en la dirección revolucionaria y por ello se necesitan nuevos partidos, nuevas ideas y nuevos dirigentes pues la humanidad ha entrado en la fase de una *nueva revolución*.

Conviene detenernos aquí por lo pronto, para analizar mucho menos que el contenido de lo que Lombardo Toledano expone como el pensamiento de los ideólogos de la Nueva Revolución, la forma y el método en que los expone, ya que ante cualquier clase de escritos de Lombardo esto ha terminado por convertirse en un requisito forzoso para comprender la dirección en que se encaminan sus intenciones y el *arrière-pensée* que se oculta tras de los enunciados de apariencia más inocente.

En efecto, antes de emprender la lucha contra el adversario ideológico y a fuer de "combatiente leal", Lombardo formula los puntos de vista que aquél sostiene, sólo que mediante cierta aliteración poco discernible para el lector desprevenido y por medio de la cual los pensamientos opuestos adquieren un matiz diferente por cuanto a la forma estricta en que originalmente fueron enunciados. Este sistema de aliteración ideológica de las posiciones del adversario, le permite a Lombardo, como si ya pisara el más sólido terreno, emplear en seguida el método de la inferencia, deformación profesional que como abogado habrá adquirido Lombardo de los procedimientos con que el fiscal induce las contradicciones de su víctima para después condenarla a su entera satisfacción.

Así, del hecho —por él anotado como tesis de los ideólogos que colocan a los jóvenes al frente de la "sociedad más avanzada"— de que la generación adulta "es insensible a los cambios que exigen las masas populares y la juventud", Lombardo *infiere* que la "teoría" de la Nueva Revolución sustituye el principio científico de la lucha de clases por el de la pretendida aparición de un fenómeno histórico nuevo que sería el de la lucha entre generaciones. Del hecho de que en el mundo contemporáneo se haya producido un "desarrollo vertiginoso de la ciencia y la técnica", *infiere* que las nuevas generaciones deducen la inoperancia de "las formas tradicionales de gobierno", a las que considerarían "como un timón enmohecido e inservible para dirigir a una nave que se enfrenta a una borrasca", en lugar de lo que el fenómeno representa en la realidad objetiva como un divorcio radical y una contradicción cada vez más aguda entre la ciencia y la técnica, tanto en el mundo capitalista como en el socialista. Finalmente —y aquí es donde se encuentra la piedra angular en que Lombardo apoya toda la estructura de su argumentación en defensa de una supuesta "ortodoxia" marxista—, del hecho de que los viejos partidos comunistas hayan traicionado los principios del marxismo revolucionario y del internacionalismo, *infiere* que los ideólogos de la Nueva Revolución optan por decretar que es la propia teoría marxista la obsoleta y a la que debe sustituirse con ese "neomarxismo" que Lombardo inventa, a su modo, para consumar mejor la hazaña de convertirlo en cenizas, ya que se trata de un fantasma imaginado precisamente para desaparecer en el momento mismo en que su creador lo exorcise con toda la suerte mágica de sus conjuros doctrinarios.

Pero el método de Lombardo Toledano no se queda en el ámbito de las abstracciones puras y como tiene que descender al terreno de la baja política —y de la muy baja o bajísima política mexicana— *infiere* también, pero aquí derivándolo de la propia realidad objetiva, a la que tampoco tiene escrúpulos en retocar y recrear en provecho de sus aseveraciones teleológicas, que las causas de la rebelión y el descontento juveniles en algunos casos no son otros que los "factores de imitación de lo que ha ocurrido en otros países" o de la influencia de "elementos extraños" que tratan de convertir los movimientos de la juventud en disturbios subversivos para derrocar a los gobiernos, simplemente por el jovial impulso deportivo de derrocarlos, sin que a cambio de tal cosa se señale qué habría de ser aquello que los sustituyera.

La transparencia con que se hacen evidentes las intenciones de Lombardo Toledano en esas falsas notas de su canto fúnebre es tan obvia que resultaría gratuito ponderarla en toda la medida de su desenfadado cinismo político. Aquí Lombardo, que pretende mantenerse dentro de la entonación solemne de una disertación sociofilosófica, no vacila ya en deformar y calumniar al movimiento revolucionario de la juventud, pero no de una juventud etérea o inaprehensible de cualquier país del mundo, sino del movimiento de la juventud mexicana al que el gobierno del presidente Díaz Ordaz intentaría aplastar en sangre por medio de una de las fusilatas más abominables y espantosas de que se haya tenido jamás memoria en la historia del México moderno, al día siguiente de la conferencia de Vicente Lombardo Toledano. "Factores de imitación", "elementos extraños" o influencia perturbadora de quién sabe qué misteriosos "filósofos de la destrucción", fueron, a falta de un examen racional, objetivo, científico o siquiera medianamente culto —lo que por otra parte hubiera resultado excesivo pedir—, los ingredientes con que el primer magistrado de la nación, en su informe anual de gobierno el primero de septiembre, intentó cocinar el "compuesto ideológico" que explicaría el carácter subversivo de la huelga estudiantil, con el propósito de correr una cortina de humo que ocultara sus causas reales y verdaderas. Este "compuesto ideológico" insostenible, intonso, de pueblerina mediocridad, que aparecía espolvoreado por el azúcar de una información cultural de segunda o tercera mano, necesitaba la consagración académica de un filósofo de circunstancias —algo más válido y de un desprestigio menor, digamos, que un Emilio Uranga—, papel que se apresuró a desempeñar, apenas con un mes de tardanza, con obsequiosa y gratuita docilidad —pues ignoraba que moriría unas semanas más tarde—, el ideólogo de la dictadura burguesa, Vicente Lombardo Toledano, quien pudo aparecer entonces, a través de estos conceptos vertidos en su conferencia del primero de octubre, y a mayor abundamiento desde lo alto de su nivel en la jerarquía que ocupa dentro de la cultura mexicana, como el hombre cuyas apreciaciones sociológicas sobre la inquietud y descontento estudiantil habrían sido tomadas de las fuentes mismas del profundo y documentado saber presidencial. Como puede verse, con sólo establecer la relación de vasos comunicantes que existe entre el informe del presidente Díaz Ordaz del primero de septiembre y la conferencia de Lombardo Toledano del primero de octubre, las disquisiciones filosóficas —sobre las cuales se volverá más adelante— de este último, no vienen a resultar otra cosa que el "aroma espiritual" —al modo en que Marx lo decía— de las destemplanzas políticas y amenazas represivas contra el movimiento estudiantil, contenidas en el informe presidencial —satisfechas después por el gobierno y sus sicarios con tan amargas creces para el pueblo—, ni representan tampoco ningún empeño que no sea ni haya sido otro que el de diluir, disfrazar, reduciéndola a sus expresiones menos alarmantes, bajo el ropaje de una aparente sistematización ideológica, la histeria menopáusica que se ha adueñado, hoy por hoy, de la burguesía mexicana, a causa de que *no puede* comprender, aunque lo quisiera, el nuevo proceso revolucionario en el cual no tiene ya cabida en razón misma de que el devenir histórico se le niega.

Regresemos ahora al examen de la problemática que plantea la indudable Nueva Revolución Mundial, cuyos primeros síntomas, dentro de las circunstancias específicas que se dan en esta segunda mitad del siglo XX —en México y los demás países de la tierra, incluso los países socialistas—, son las explosiones de inconformidad militante, de que la juventud se ha hecho el detonador más activo.

Tal problemática no podría comprenderse, empero, sin examinar la significación que tienen los factores característicos, dentro de los que se mueve la realidad contemporánea de la segunda mitad del siglo XX y que a su vez son el resultado del curso que toma el proceso histórico a partir del fracaso de la revolución europea y el aislamiento de la revolución rusa dentro de sus confines territoriales (1924-27), con la consiguiente derrota de la oposición en la Unión Soviética, de la que el destierro de Trotsky no es sino el símbolo de un destierro mayor: la renuncia, por el stalinismo victorioso, a la perspectiva de la revolución mundial.

Para comprender en consecuencia las singulares y al parecer aberrantes contradicciones del mundo contemporáneo, que se entrelazan y confunden unas con otras, se condicionan mutuamente y atrapan dentro de su complicada red hasta el último rincón del planeta, resulta imprescindible referir los fenómenos que se producen en la sociedad actual, no a su inmediatez política ni a sus correlaciones de poder y de decisión circunstanciales, sino a lo que podría llamarse una *geología de la lucha de clases* que nos permita darnos cuenta de que a la subsumisión de los procesos históricos por obra de los obstáculos de superficie —en considerable medida voluntaristas y resultado de la situación existencial de las grandes individualidades que han protagonizado el drama (Lenin, Trotsky, Stalin, Hitler, Mao Tse-tung)— corresponde una reaparición de lo que sustancialmente son los mismos procesos, pero bajo formas, recursos y aun contenidos nuevos, condicionados asimismo por nuevas y originales interpenetraciones y exclusiones recíprocas, antes imprevisibles.

Por el orden de su aparición en la escena histórica, podemos citar los siguientes factores característicos de la realidad contemporánea:

a] renuncia a la perspectiva de la revolución mundial por parte de la URSS, en aras de la construcción del socialismo en un solo país; b] guerra interimperialista (1939-45) entre las potencias occidentales aliadas, contra la Alemania hitleriana, con la participación de la URSS junto a uno de los bandos imperialistas contendientes; c] descubrimiento de la disociación artificial del átomo y su uso inmediato para finalidades bélicas genocidas por parte del imperialismo norteamericano; d] reparto de "zonas de influencia" entre las potencias victoriosas de la segunda guerra mundial, incluso la Unión Soviética; e] aplicación de la energía atómica para finalidades bélicas por parte de la URSS y establecimiento de las premisas para un condominio del mundo y el espacio cósmico por los super-Estados nucleares; y f] contradicciones internas de los Estados socialistas en los términos de una contradicción antagónica de fuerzas entre la Unión Soviética y China Popular.

La evidente subversión de la tabla de valores, el cambio de contenido de las categorías ideológicas, la confusión de las lenguas políticas, son apenas el resultado superestructural de estos factores característicos, sin cuyo papel condicionante la realidad del mundo contemporáneo y de su porvenir inmediato, antes de que se inicie el siglo XXI, resultarían inexplicables. La pregunta de si estos factores podrían haberse producido de otra manera y, en lugar de ser lo que son, hubiesen sido como esperaban que lo fueran los ideólogos y jefes políticos del primer tercio del siglo XX, resultaría una pregunta vacía desde el punto de vista de la metodología histórica y, desde un punto de vista doctrinario —ajeno en absoluto a la naturaleza real del proceso—, no vendría a ser otra cosa que un ensarte de las más necias argumentaciones eticistas. Se trata de que nos confrontamos con resultantes objetivos y que no son resultantes que permanezcan quietos, sino que están en continuo movimiento y progresión hacia su desenlace en la catástrofe nuclear hacia la cual se encaminan —tomadas en su conjunto— las diversas sociedades establecidas sobre la tierra, independientemente de los sistemas económicos y políticos en que se sustentan.

Examinemos pues, en concomitancia con sus causas, la dialéctica de estas resultantes.

El primer Estado proletario, a causa de su renuncia a la perspectiva (podríamos decir "clásica") de una revolución socialista mundial, deviene en una potencia nacional, con intereses propios nacionales —y aun de *nacionalidad*— y una estrategia geopolítica privativa y muy precisa, no diferente en esencia a la estrategia tradicional del viejo Estado ruso.

Esto, doctrinariamente, es una "traición" a los principios del socialismo científico y del internacionalismo proletario. Aceptado. Pero hay algo más grave que la traición simple: aquí se trata de un "dejarse ir" del Estado soviético y el Partido Comunista de la Unión Soviética por el lado de la *dialéctica deformante* del desarrollo. (Entre paréntesis —y es así como lo ponemos—, es preciso referirnos al fenómeno superestructural donde se transparenta de una manera tan diáfana este "dejarse ir", que se antoja tan no-opcional, de la burocracia soviética, por el camino de las deformaciones ideológicas. La victoria y el afianzamiento de la facción stalinista de la URSS significa, tanto dentro de las fronteras soviéticas como a escala mundial, una verdadera subversión de las sobrestructuras ideológicas y el intento más peligroso y más grave que se haya hecho en la historia del mundo contemporáneo, por subvertir a la filosofía misma, mediante su conversión en "filosofía de Estado", como lo fueran antes las religiones. Así, la enseñanza de la dialéctica en la URSS se constriñó al aprendizaje artesanal y romo de aquello que no podía conocerse fuera de los epítomes amañadamente escritos por los filósofos oficiales, lo que no significó, empero, una "falsificación" flagrante de la dialéctica, sino —de donde se explica la aberración— un fenómeno superestructural que se correspondía de una manera tan exacta con la realidad objetiva de una dialéctica de la deformación, como las dos imágenes coincidentes que refleja la superficie de un espejo.)

Esta dialéctica de la deformación, que al actuar sobre la realidad objetiva se convierte sin transiciones en una dialéctica deformante del desarrollo, no funciona ni puede funcionar de un modo distinto a la dialéctica misma como tal. El secreto de su funcionamiento —si hay o puede haber algún "secreto" en estas cosas— reside en la dilución de las contradicciones que existen entre la *realidad sensible*, inmediata y objetiva, y el contenido *mediato* que la trasciende (contenido, por supuesto, no sensible ni objetivo), dilución que ensanchará al máximo posible el campo del ejercicio de la actividad pragmática, hasta que no sobrevenga la inexorable negación de la negación. Visto en el lenguaje de los hechos cotidianos y "sensibles", el problema aparece como sigue.

La URSS renuncia a su perspectiva de una revolución internacional del proletariado y con esto ensancha al grado óptimo las posibilidades para la construcción del socialismo dentro de los límites de sus propias fronteras. De aquí se sigue la necesidad de un reforzamiento del Estado y su aparato y de una preservación, a toda costa, de la integridad del país (lo diametralmente opuesto a la actitud asumida por Lenin ante la paz de Brest-Litovsk), lo que da por resultado el establecimiento de un Estado nacional y una nación, aunque ambos continúen siendo multinacionales, cosa que constituye problema aparte. Se establece, sí, evidentemente, el socialismo —puesto que los medios de producción han sido socializados (escala bastante inferior, por otra parte, de la liberación social del hombre)—, un socialismo de la burocracia política (del Estado y del partido) y de la burocracia administrativa (de los sindicatos y organizaciones sociales), dentro de la que debe contarse la intelectualidad, técnica y literaria también, pero que no por ello deja de ser una *cierta forma* del socialismo, así nos pueda gustar o disgustar. Como condiciones previas necesarias de este curso y sucedáneas del mismo, aparecerán la abolición de la democracia y el libre juego de opiniones, dentro del partido y en el seno de la sociedad soviética.

Este desarrollo de la dialéctica deformante condicionó, casi de una manera causal —excepto las manifestaciones de lucha interna en el seno de los partidos comunistas durante un cierto periodo—, la quiebra de la III Internacional como partido mundial de la clase obrera y matizó de diversos modos, conforme a su idiosincrasia respectiva, la degeneración de los partidos comunistas del mundo entero como partidos *de clase* del proletariado, aunque se siguieran desempeñando como partidos *obreros*, de la misma manera en que lo continuaron siendo los partidos socialdemócratas de la II Internacional, después de la quiebra histórica de 1914-18.

La dialéctica de la deformación encuentra en Alemania —después de la URSS— el campo más vasto, más rico y más fecundo —también más catastrófico— para el despliegue de su acción deformante sobre el curso del desarrollo de los procesos históricos. Alemania ha sido en el siglo XIX y lo sigue siendo ahora, en esta década del XX, el punto neurálgico de la revolución europea Así pues, resulta lógica la contradicción de que haya sido también el foco de la reacción más negra del mundo con la toma del poder por Hitler en 1933.

Esta lógica se hizo objetiva y pudo realizarse en virtud del factor precedente: el abandono de la perspectiva mundial de la revolución por la Unión Soviética y los partidos comunistas, entre los cuales el Partido Comunista Alemán jugó el papel decisivo con la táctica diversionista, preconizada por él, de considerar a la socialdemocracia como el "enemigo principal", lo cual despejó el camino para el asalto de los nazis al poder. Los zigzags que describe en seguida esta lógica, primero mediante el pacto germano-soviético y después con la alianza de la URSS y las potencias occidentales, no viene a ser, así, sino la forma consecuente de la interpenetración dialéctica de los contrarios socialista-imperialistas, cuya negación se desplaza entonces, al parecer por tiempo indefinido, fuera de la escena de la realidad inmediata. Tal negación de la negación (a un tiempo del socialismo burocrático y del capitalismo imperialista) mediante el establecimiento de un sistema mundial socialista, democrático y libre, ha de aguardar largamente su turno, hasta nuestros días, en la odontológica sala de espera de la historia, ya que son muchas las piezas afectadas por las caries.

El partido comunista y el Estado soviéticos renuncian a una alianza revolucionaria de clase con el proletariado y los pueblos del mundo, pero en particular los de Europa y de Estados Unidos, y en "castigo" por ello tienen que pactar con la burguesía imperialista alemana primero y, luego, contra ésta, con el imperialismo anglo-norteamericano. Es de tal modo como la Unión Soviética se incorpora al *status* de la sociedad de clases y se convierte en una "potencia más" con la que sus colegas imperialistas ya no tienen el menor escrúpulo de hablar el mismo lenguaje del cinismo político que es costumbre entre ellos. (Los tiempos del lenguaje de Lenin y Trotsky en Brest-Litovsk y de Chicherin en Génova han quedado muy atrás, en la condición de piezas arqueológicas destinadas a causar el asombro y la perplejidad del *homo sovieticus* de las nuevas generaciones educadas por el stalinismo.)

Es evidente que el enorme sacrificio humano del pueblo soviético en la lucha contra Hitler pesó decisivamente para inclinar la balanza a favor de las potencias aliadas y su victoria sobre el entonces "triángulo" Berlín-Roma-Tokio. Sin embargo, los millones de muertos "inútiles" en las inconcebibles matanzas genocidas de Hiroshima y Nagasaki parecen contar menos que cero y, respecto a este particular, nadie está enterado de que se requiriera jamás al presidente Truman a comparecer ante el tribunal que en Nuremberg juzgó a los cabecillas más importantes de los crímenes de guerra cometidos por los Estados beligerantes en la pasada contienda. Tampoco a la URSS, miembro del jurado de Nuremberg, se le ocurrió promover esta comparecencia, que alguien sepa.

Por supuesto que ahora aparece con toda claridad el por qué no fueron consideradas entonces como crímenes de guerra (tan punibles y espantosas como la supresión de los judíos en las cámaras de gases) las descargas atómicas sobre Hiroshima y Nagasaki: los Estados no atómicos se reservaban el derecho de producir sus propias bombas y de suprimir en masa a otros pueblos en el futuro próximo, según las alternativas que éste presentara. Es aquí donde la URSS entra de lleno en el "complejo atómico" que enajena la conciencia social de nuestro tiempo.

Veamos en qué consiste este "complejo atómico", entendidos de que no se trata de ningún género de psicoanálisis histórico ni mucho menos. Decíamos que la deformación de los cursos históricos del desarrollo obedece a su propia dialéctica, es decir al hecho de que la dialéctica, como ley universal, no deja ni puede dejar de expresarse en ninguno de los campos de la naturaleza y la sociedad, por lo que también actúa en los procesos conservadores, retardatarios y reaccionarios de la historia, y no siempre "hacia adelante" y "hacia lo alto", como lo quiere el adocenamiento dogmático de los autores de epítomes filosóficos. La deformación de un curso determinado siempre se produce —o al menos en uno de sus aspectos— cuando los factores subjetivos del proceso —los hombres, los jefes, los partidos—, al margen o en contra de la tendencia histórica dominante, intentan superar la contradicción entre la realidad sensible e inmediata y su contenido mediato, entre lo concreto y lo abstracto, entre la percepción sensorial y la categoría del conocimiento, y al no resolverla comparecen ante la realidad objetiva y la asumen como un contexto ensimismado y autosuficiente que se niega a aceptar su propia negación y no busca sus relaciones sino dentro del contexto mismo, en lugar de encontrarla en sus contraprocesos reales. La praxis tiende entonces a mantener y prolongar la existencia de la parte *conservadora* de la ecuación dialéctica a costa de su parte revolucionaria y, por su propio impulso, de *conservadora* pasa a convertirse en *reaccionaria.*

Repetimos que en esta problemática no entra para nada la psicología, ni —como lo pretende Lombardo Toledano— su rama freudiana, como también lo querrían los charlatanes del psicoanálisis de la sociedad. Ni el miedo, ni la angustia, ni la inseguridad, ni la psicosis destructiva, forman parte del "complejo atómico" que en última instancia representa un fenómeno mayor y de proporciones más catastróficas que cualquier otro tipo de perturbación social o de crisis de una civilización. Se trata del Estado que se enajena de sí mismo, que deja de pertenecerse y de *pertenecer a su clase*, para convertirse en un super-Estado que representa la *violencia organizada*, sin embargo únicamente por y para la violencia misma, sin ninguna otra finalidad que no sea la de su propia conservación y perpetuamiento. El Estado enajenante y que se enajena; cosificante y que se cosifica. (Por supuesto, quien pretenda comprender esto en términos absolutos, no dialécticos, no habrá entendido nada del problema.) A la revolución industrial del siglo XVIII corresponde la contrarrevolución atómica del siglo XX. La humanidad, en efecto, ha recorrido un camino sorprendentemente corto, apenas de dos siglos, entre el desarrollo óptimo de sus fuerzas productivas y el desarrollo óptimo de sus fuerzas destructivas, de tal suerte que lo que, en el más reciente pasado, constituía la infraestructura económica compuesta por el conjunto de las relaciones de producción que, en *última instancia* (para decirlo con Engels), condicionaban las demás relaciones sociales y políticas, ahora, en nuestros días, se ha convertido en el conjunto de las relaciones de destrucción que condicionan, en *primera instancia*, las demás relaciones humanas de la sociedad contemporánea. Los Estados burgueses, a un mismo tiempo precursores y producto de la revolución industrial, no han sido sustituidos, en el siglo XX, por los Estados proletarios (es decir por las formas que fuesen del ejercicio del poder por los trabajadores), sino por los super-Estados nucleares, donde resolver el desiderátum de la revolución por la vía de una guerra atómica (como acaso lo parecería proponer la política de China Popular) es algo que está descartado en absoluto. El "complejo atómico" pues, no enuncia otra cosa que esta complicada trabazón de contradicciones nuevas y subversión de los antiguos contenidos de la realidad, donde los Estados contemporáneos, *más allá de las clases a las que representan*, han terminado por enajenarse al inmediatismo del poderío nuclear.

A la vista de este panorama siniestro aparece mucho más definido el contexto real dentro del que se mueven los países socialistas, desde el reparto de las "zonas de influencia" entre la URSS y el imperialismo norteamericano, hasta el tipo de relaciones hostiles, de "guerra fría", existentes entre la Unión Soviética y China Popular, y la cínica, grosera, insolente invasión de Checoslovaquia por los países del Pacto de Varsovia.

El "reparto de zonas de influencia" entre las potencias vencedoras de la segunda guerra mundial, permitió al imperialismo inglés el aplastamiento del pueblo y de la revolución en Grecia, ante la benevolente y criminal retracción de la URSS. Ya desde entonces los partidos comunistas hubieran podido darse cuenta —si sus direcciones burocráticas no lo hubiesen impedido— de que la política extranjera de la Unión Soviética daba al traste, de un modo absoluto, con el internacionalismo proletario y que, si se dejaba abandonado a un pueblo entero que luchaba con las armas en la mano por su revolución, de ahí habría menos que un paso para abandonar y aun combatir a cualquier otro pueblo que ya hubiese tomado el poder y cuya política internacional resultase un estorbo en el camino de las necesidades o aspiraciones geopolíticas de la Unión Soviética. Los hechos ulteriores vinieron a demostrar esto.

Hoy nos encontramos en una situación de franca "guerra fría" entre la Unión Soviética y China Popular, donde según todos los indicios cada uno de los dos adversarios socialistas trata de establecer una *entente cordiale* con el "tercero en discordia", o sea el imperialismo norteamericano. La tercera guerra mundial —ya en marcha por cuanto a su desenvolvimiento logístico y a su toma de posiciones terrestres y espaciales— puede comenzar por una *guerra intersocialista* donde uno de los dos bandos contará con el beneplácito, la ayuda o la participación del imperialismo norteamericano, o de cualquier otro.

Dentro de esta problemática es, entonces, donde se incuba, desarrolla y estalla la rebelión mundial de la juventud, a la cual asistimos también en México y que por supuesto la estúpida y aldeana burguesía gobernante de nuestro país es incapaz en absoluto de comprender. Se plantea en el mundo —tal es el hecho irrefutable— el inicio de una Nueva Revolución destinada a superar y liquidar una situación sin otra salida que ésta, y que ni los gobernantes ni las clases que tienen el poder están resueltos ni en condiciones de liquidar.

En su canto del cisne Lombardo Toledano no hace sino juegos de prestidigitación, escamoteos de toda laya: extrae conejos del sombrero, oculta cartas en la manga, convierte el agua en confeti y transforma al marxismo real en existencialismo falso; en suma, todo ello trapacería pura y, lo más triste del caso, al servicio de un fin tan mezquino, miserable y sin gloria, como el de ayudar a la burguesía mexicana —a ésta, una de las más deplorables del mundo y la más llena de mentecatos— a salir de lo que el mismo Lombardo considera un simple paso en falso, una "exageración" —la matanza de estudiantes—, pero que no es sino el principio de la bancarrota histórica de un régimen grotesco que ha entrado ya en su proceso de desmoronamiento definitivo.

Examinemos cómo acomete Vicente Lombardo Toledano tan poco honrosa tarea.

La juventud actual nació en la posguerra de la última contienda y está presa de gran inquietud por los destinos y el porvenir de la humanidad "a causa de los graves peligros que se ciernen sobre ella" (sobre la propia juventud, pues será ella la que tome las armas en un futuro conflicto), nos dice Lombardo, con lo cual no hace sino anotar un hecho obvio y simple del que todos nos damos cuenta.

Pero esta juventud —siempre conforme a Lombardo— "sabe bien que en pocos años se encontrará al frente del poder público y de los puestos de mando en las empresas y centros de producción y establecimientos de servicio; pero mientras eso ocurre no está segura de la perspectiva inmediata". Aquí es donde comienzan a salir del sombrero de Lombardo las orejas del conejo. Atribuye a la juventud la seguridad mediata de que en el mañana será ella quien ocupe los puestos de mando del Estado y la sociedad, y la seguridad inmediata de que todo eso se frustre, hoy, a causa de lo incierto de la situación y el peligro de que se desate una nueva contienda armada entre las potencias. Es decir, Lombardo Toledano da por un hecho descontado e incuestionable el de que la juventud, que se siente llamada de un modo forzoso a dirigir mañana la economía y la política de la sociedad y del Estado (¿capitalistas?, ¿socialistas?, eso no importa) sustenta su inquietud, su inconformidad y su rebeldía presentes en el miedo a que la halagüeña perspectiva de incorporarse a la clase gobernante, se rompa en pedazos por el estallido de una guerra en nuestros días. ¿Por qué plantea la cuestión en estos términos Vicente Lombardo Toledano?

El intento de Lombardo puede no saltar a primera vista, pues tal es uno de los recursos en que se apoya su estilo discursivo para más adelante darnos la caracterización causal de aquello tras de lo que anda en busca. Quiere pues decirnos, con esto, que la juventud estudiantil no puede sino tener aspiraciones burguesas, puesto que en su gran mayoría proviene de las clases ricas. De tal suerte, los jóvenes que se lanzan a la calle para manifestarse contra la guerra del Vietnam en París, en Río, en Berlín, o que arrostran las balas asesinas del ejército en Tlatelolco, no lo hacen por otra causa que para conjurar las amenazas que se ciernen sobre su futuro de grandes magnates sociales en un régimen cuyo contenido y estructura los tiene sin cuidado. Añade más adelante Lombardo, sin aparente relación con lo anterior, que el "impetuoso desarrollo de la ciencia y la técnica ha dejado atrás a las universidades" y que por ende es urgente poner en marcha cierta reforma educativa ya que "la juventud, por esta causa también, se muestra inconforme y exige cambios radicales a la estructura de planteles educativos y a los métodos de enseñanza". Véase así con qué cuidado Lombardo Toledano intenta escamotear las aspiraciones reales y las causas históricas que mueven la impugnación juvenil. Para Lombardo la juventud contemporánea no está impugnando a la sociedad *entera* y a sus estructuras (puesto que esta juventud es tan burguesa como lo que combate) ni pretende que tal sociedad sea erradicada hasta sus cimientos, sino que se limita (o encontraría con ello un límite a sus expresiones de fuerza) a plantear el problema como si éste pudiera resolverse con una reforma educativa mediante la cual "sólo los países que la intentan podrán mantenerse a la vanguardia del progreso". Aquí Lombardo perturba las relaciones y las consecuencias de los elementos, a fin de caracterizar en forma amañada la problemática de la juventud —que es la misma del mundo contemporáneo— y de falsear el contexto ideológico que rodea a esta propia problemática, como podrá verse más adelante. Pero volvamos a los elementos de que parte Lombardo Toledano.

a] El impetuoso desarrollo de la ciencia y la técnica en contraste con el retraso de las universidades y centros de educación superior "en los países capitalistas"; b] la urgencia, por ende, de poner en marcha una reforma educativa que satisfaga las exigencias de la juventud, pues aquí es donde, por lo menos, reside una parte de su inconformidad; y c] el carácter de esa reforma educativa (recordemos que suscitada por el atraso de las universidades en relación con el desarrollo científico y técnico), sobre lo cual Lombardo anticipa las siguientes palabras, cuyo texto se refiere a una mención precedente acerca del lanzamiento, por los soviéticos, del primer satélite artificial de la tierra, y la desigualdad de desarrollo técnico que este hecho plantea entre los diversos países. Dice Lombardo:

> En Estados Unidos se planteó el problema de alcanzar y sobrepasar a los rusos. Preguntado Wernher von Braun, el responsable de las investigaciones y de la construcción de las armas atómicas, contestó que, a su juicio, era menester restructurar todo el sistema educativo de Norteamérica, desde la escuela primaria hasta las universidades y los institutos tecnológicos.

Analicemos el *sentido diferente*, por una parte, en que Lombardo toma estos elementos, y por la otra, el *sentido literal* en que también los toma con el propósito de deformar el fenómeno de la rebelión juvenil de nuestro tiempo. Hay, en efecto, una desproporción entre el nivel del desarrollo científico y técnico, y el nivel de la educación y la enseñanza en las universidades y centros de educación superior. Pero, ¿acaso el problema radica en igualar estos niveles? Y si de esto se trata, ¿en qué sentido y con qué finalidad? ¿Han de complementarse desarrollo técnico y científico con la educación superior, en una relación recíproca, en una relación unilateral, o en qué clase de relación? Éstas son las preguntas que suscita el escueto planteamiento de Lombardo, pues de ahí podrían dejarse establecidas ciertas premisas de la reforma educativa. Pero evidentemente, ni para Lombardo ni para nosotros se trata de discernir una cuestión académica.

El problema real y objetivo no es, en las situaciones de nuestro tiempo, si el desarrollo de la ciencia y la técnica "ha dejado atrás a las universidades". Lo que ocurre —y esto es el fenómeno crucial de la enajenación de la sociedad contemporánea— es que la ciencia y la técnica no marchan juntas, sino separadas, y que sus respectivos desarrollos han llegado a contraponerse a un extremo catastrófico para el desarrollo mismo del género humano. Expliquémonos a partir de las nociones más elementales.

La técnica consiste en el modo de hacer una cosa y la ciencia consiste en saber por qué se hace tal cosa. En un enunciado tan sencillo como el precedente se funda, sin embargo, el principio de la contradicción dialéctica entre técnica y ciencia. La técnica obedece a la lógica formal y al pragmatismo; la ciencia es la dialéctica y la especulación cognoscitiva, el discurso, el *decurso*. La palanca, por ejemplo, aparece primero como *práctica pura,* como aprendizaje, y se reproduce después en la *praxis*, como principio y abstracción, con Arquímedes, en la condición de *conocimiento*. El equilibrio que debiera existir entre las funciones de la ciencia y la técnica ha quedado roto en las sociedades contemporáneas —capitalistas y socialistas— porque el principio de la producción se funda de modo exclusivo o preponderante en los *valores de cambio*, cosificados como tales y cosificantes a su vez, porque el hombre deviene igualmente en otro valor de cambio. La técnica se vuelve autónoma y se deshumaniza, haciéndose a cada momento más irracional. Esto se proyecta necesariamente sobre la cultura y la educación, comprimiéndolas, reduciéndolas todo lo más que se puede, a fin de transformarlas en simple aprendizaje de acuerdo con las necesidades de la sociedad tecnológica. La contradicción, pues, no está establecida entre el desarrollo de la ciencia y la técnica, unidas en un todo, y el retraso de las universidades y la educación superior respecto a ellas, sino en la incompatibilidad cada vez más acusada entre la tendencia del desarrollo técnico y el contenido esencialmente humano de la cultura y la educación superiores. Cualquier reforma educativa, por ello, no puede sino plantearse indefectiblemente como una reforma de la sociedad, o mejor dicho, como una revolución social. A la luz de estos hechos viene a ser muy significativa la autoridad académica a que recurre Lombardo Toledano, en la persona de Wernher von Braun, encargado de las investigaciones y construcciones atómicas en alguna institución oficial de Estados Unidos que Lombardo no menciona. Preocupado Wernher von Braun por el progreso soviético en los lanzamientos espaciales, considera entonces como de la mayor urgencia una restructuración de *todo* el sistema educativo de Norteamérica, "desde la escuela primaria hasta las universidades". ¿Es la reforma educativa que preconiza Wernher von Braun la misma que se propone Lombardo Toledano? Induciría a pensarlo así la reducción simplista que Lombardo hace del problema, al tomarlo sólo en su aspecto inmediato, aparente y superficial, de un "retraso" de las universidades en relación con el progreso técnico, como si precisamente las universidades no debieran tener otra tarea que la de convertirse en almacenes de especialistas destinados a satisfacer las necesidades de una sociedad industrial, que es contra lo que la juventud asume una posición radical y terminante. Al oponer de este modo la reforma educativa a la reforma de la sociedad —es decir a la revolución—, Lombardo no pretende otra cosa que restarle alcances, profundidad y contenido histórico al movimiento de la juventud mundial, para encajonarlo mejor en las viejas caracterizaciones en que aparecía siempre como un impulso "pequeñoburgués", desorbitado, fuera de la realidad y que no consideraba ni se apoyaba en las leyes objetivas del desarrollo. Pero Lombardo no se queda aquí.

Concede Lombardo que la juventud tenga determinadas inquietudes y luche en defensa de los pueblos débiles y en contra de las agresiones imperialistas y de las guerras como la del Viétnam. Pero también hay aspiraciones y demandas específicas, nacionales, por las cuales luchan los jóvenes de cada país y que no son compartidas por todos los estudiantes del mundo con el mismo interés. Tal cosa es suficientemente clara como para que no se intente cuestionarla en forma alguna. Nadie pretendería que la demanda de los estudiantes mexicanos, en el sentido de que un mediocre general-gendarme sea destituido de su cargo como jefe policiaco, pudiera ser considerada como una aspiración ecuménica. Empero, Lombardo tiende su trampa política bajo cuerda, acaso con intenciones de que pase inadvertida. La trampa es la siguiente: como existe una ley objetiva —dice Lombardo— que consiste en el desarrollo histórico desigual de los diversos países, y unos apenas se encuentran en estado tribal, otros son subdesarrollados, otros son países capitalistas altamente desarrollados y los demás son socialistas, a cada uno corresponde una táctica particular de lucha. Servirse de la táctica correspondiente a un país de gran desarrollo industrial en un país donde apenas se inician las relaciones capitalistas de producción "es un error táctico condenado al fracaso". Esta afirmación de Lombardo es inobjetable. Pero, ¿qué ejemplo podría haber citado Lombardo de algún país donde los estudiantes hayan dejado de observar este principio elemental? ¿Y en qué país podría realizarse un movimiento de masas de la juventud sobre la base de demandas abstractas, doctrinarias y que no dijeran nada a los jóvenes por cuanto a su realidad nacional propia? Pues bien: Lombardo pretende que esto es lo que ha ocurrido ¡en todos los países! y, por supuesto, en México ante todo. Cita entonces, así, a una quincena de ideólogos de todas las corrientes y tendencias (Marcuse junto a Gorz, Wright Mills junto a Lefebvre) para someterlos a un denominador común, puesto que "todos ellos comparten los mismos postulados y hacen conclusiones de tipo semejante", de donde fabrica un extravagante galimatías teórico, el cual la juventud habría tomado como bandera internacional en todo el mundo. De este modo Lombardo Toledano descarga sobre la juventud dos culpas incoherentes y calumniosas. La primera, la de que aplica en el propio país las tácticas correspondientes a un país extraño; la segunda, que se deja llevar por el eclecticismo de los ideólogos de una nueva revolución, que habrían unificado dentro de una sola "mezcla curiosa" al trotskismo, al freudismo y al existencialismo, para sustituir a las viejas doctrinas filosóficas y sociales (entre ellas, principalmente el marxismo) a las que esta juventud moderna consideraría ya obsoletas.

¿Qué se propone establecer Lombardo con estas acusaciones? Como la "mezcla curiosa" de factores contradictorios, de situaciones diferentes por cuanto al tiempo y al espacio de cada una, y de términos confusos, constituye una creación del propio Lombardo, que éste atribuye a la juventud como si constituyera su acervo ideológico y la base de su sustentación táctica y estratégica, tendremos que deducir de esta misma "mezcla curiosa" la curiosa conclusión a que Lombardo Toledano quiso conducir a los oyentes de su canto del cisne, y ahora, después de todo, a sus lectores.

Vicente Lombardo Toledano pretende que se crea, de un lado, que el movimiento de la juventud no obedece a causas y razones históricas internacionales y, del otro, que se acepte como un hecho que los movimientos estudiantiles de cada país, no obedecen a causas nacionales, sino que están inspirados en una logomaquia ideológica internacional, a la que la juventud ha prestado oídos por efecto de la pura seducción de las ideas y de la forma brillante en que éstas le son presentadas por "exponentes de talento", como el caso de un Jean-Paul Sartre. Esta posición de Lombardo es insostenible, así lo fuese ante los razonamientos más elementales. Pero tiene su causa real, concreta, oportunista.

Lombardo dice estas palabras en México y en los momentos en que México entero está sacudido, interesado, apasionado por un movimiento estudiantil de nuevo tipo, con características propias y originales que jamás se habían dado en otros movimientos de la juventud, y por ende tales palabras de Lombardo Toledano están destinadas a desvirtuar, deformar y falsificar el movimiento de la juventud mexicana, a fin de proporcionarle al poder público y al presidente de la República en particular, las armas teóricas con que combatir al estudiantado impugnador e insumiso. Lombardo, después de descargar toda su mercadería ideológica, no ha hecho ninguna otra cosa más trascendente que la de reforzar la versión oficial que el gobierno mexicano mantiene respecto al movimiento estudiantil, como un movimiento inspirado por "fuerzas extrañas" e "ideologías exóticas", y que no presenta "ningún plan constructivo" concreto, capaz de resolver los problemas de la juventud.

Cierto, a la manera en que lo quieren el poder público y la ideología democrático-burguesa, el movimiento popular-estudiantil del 26 de julio jamás aceptará sujetarse a las normas del *status* social y político que rige en México. La juventud revolucionaria del país ha inscrito en sus banderas la lucha hasta el fin por la transformación radical de la sociedad mexicana. Éste es un hecho histórico que ninguna fuerza podrá derogar ya y que nadie podrá arrebatar a los destinos del país.

Cárcel preventiva de la ciudad de México, noviembre de 1968

NOTAS

1. Estos dos textos alrededor del problema electoral fueron transcritos del original mecanografiado; el segundo no tiene fecha pero, según el contexto, data de la misma época.

2. Artículo aparecido en la revista *Futuro* (cuyo director era Lombardo Toledano), n. 82, diciembre de 1942, pp. 14 y 47; reproducimos esta versión por ser la única encontrada. Cuando lo escribió, Revueltas era militante del PCM y participaba con su célula en la lucha interna que provocó su expulsión el año siguiente; entre otras cosas, defendía la táctica del frente popular y criticaba el sectarismo de la dirección del partido que no quería reconocer a Lombardo como parte importante del movimiento revolucionario. Este texto es interesante por su lado "culto de la personalidad" muy en boga en aquellos años y como contrapunto a la posterior crítica que le hará Revueltas a Lombardo.

Vicente Lombardo Toledano (1894-1968) es una de las figuras mayores del movimiento obrero en la época de consolidación del Estado mexicano (años 30-40). Gran ideólogo del reformismo, su incansable labor sindicalista logra la mediatización y burocratización de dicho movimiento. Abogado y licenciado en filosofía, es director de la Escuela Nacional Preparatoria en 1922, secretario de Educación de la CROM en 1923, forma la Federación Nacional de Maestros en 1927, de la cual es nombrado secretario general. En julio de 1932 rompe con la CROM y funda el año siguiente la CGOCM (Confederación General de Obreros y Campesinos de México). Entre 1933 y 1935 se desarrolla su famosa polémica con Antonio Caso, su antiguo maestro. Realiza su primer viaje a la URSS en 1935, lo que va a mejorar sus relaciones con el PCM. En febrero de 1936 se inaugura la Universidad Obrera, bajo la dirección de Lombardo. Este mismo mes se disuelve la CGOCM y se constituye la CTM, en una alianza entre lombardistas, el PCM y otros sindicatos (STFRM, STMMRM, SME); Lombardo es nombrado secretario general. En 1938 se funda la CTAL (Confederación de los Trabajadores de América Latina), con Lombardo como presidente. En 1941, en el II Congreso de la CTM, Fidel Velázquez lo remplaza en la secretaría general. En 1948 forma el Partido Popular, que se transformará en PPS (Partido Popular Socialista) en octubre de 1960. Las aportaciones de Lombardo abarcan varios terrenos: el movimiento obrero, la legislación social, la organización política, la educación, los problemas de las comunidades indígenas, etcétera. Su importancia política era enorme en los años cuarenta, lo que explica que pudo aparecer a los ojos de muchos militantes de izquierda como el jefe del marxismo en México; además, era el blanco preferido de las críticas y calumnias de la derecha.

3. Este ensayo, transcrito del original manuscrito a lápiz, se termina con un esquema del que no se encontró la parte final. No tiene fecha pero ha de datar de 1946 o 1947. Hace referencia a acontecimientos y datos históricos que se aclaran en varios de los escritos políticos reunidos en los tomos 12, 13 y 14 de las Obras Completas; sin embargo, para mejor entendimiento, es preciso recordar algunas fechas. En 1935, el VII Congreso de la Internacional Comunista decidió un cambio radical de su línea política: de la consigna de "clase contra clase" pasó a la del "frente popular"; este hecho (sin menoscabo de otros factores) provocó una crisis interna en el seno del PCM que culminó con la expulsión de la dirección nacional Laborde-Campa y la elección de Dionisio Encina en el Congreso extraordinario celebrado en marzo de 1940. Revueltas y su célula, no obstante, siguieron criticando —así como otros sectores del partido— la nueva dirección por negarse a aplicar efectivamente la política de frente popular y mantenerse en posiciones sectarias. Fue expulsado junto con su célula (la José Carlos Mariátegui) y otras en noviembre de 1943; fundó entonces con sus camaradas el "grupo marxista El Insurgente" desde el que llamaban a un reagrupamiento de las fuerzas de izquierda. El 2 de septiembre de 1944 en el salón de conferencias del palacio de Bellas Artes, tuvo lugar una asamblea constituyente en la que hablaron Lombardo. Bassols y Encina para formar una Liga Socialista Mexicana. Ese mismo día la Liga quedó constituida; su propósito no era formar un partido político, sino un organismo de estudio y divulgación que unificara a los socialistas mexicanos; la presidencia quedó a car-

go de Lombardo Toledano y el consejo nacional estuvo formado entre otros por Narciso Bassols, Antonio Betancourt Pérez, Alejandro Carrillo (director de *El Popular*), Rafael Carrillo, Luis Chávez Orozco, Lombardo, Alberto Lumbreras, José Mancisidor, Leopoldo Méndez (de *El Insurgente*), Carlos Sánchez Cárdenas y Víctor Manuel Villaseñor. El proyecto fracasó poco tiempo después.

En el plano internacional, recordemos que la III Internacional fue disuelta por Stalin en junio de 1943 y que las conferencias de Teherán entre este último, Roosevelt y Churchill se llevaron a cabo en noviembre-diciembre de 1943. En enero de 1944, Earl Browder transforma el Partido Comunista de Estados Unidos en una Asociación Política Comunista: según él, después de la guerra se iba a abrir un periodo de desarrollo pacífico, de apaciguamiento de la lucha de clases, tanto en el terreno nacional como el internacional: "el capitalismo y el comunismo ya empezaron a caminar juntos hacia la colaboración pacífica de mañana". Un año después, Moscú condena la línea browderiana por intermedio de Jacques Duclos con su artículo "A propósito de la disolución del Partido Comunista Norteamericano". Dicho partido se reconstituye algunos meses después, pero Browder, seguido por una importante fracción del mismo, pasa abiertamente al reformismo y se ve excomulgado en febrero de 1946; lo sustituye William Foster.

4. La parte final de este ensayo se ha extraviado.

5. "La revolución mexicana, la creación. . ." constituye el texto de la intervención de Revueltas en la "Mesa redonda de los marxistas mexicanos" que, por iniciativa de Lombardo Toledano, se realizó en Bellas Artes del 13 al 22 de enero de 1947 sobre el tema. "Objetivos y táctica de lucha del proletariado y del sector revolucionario de México en la actual etapa de la evolución histórica del país". Participaron todas las corrientes de izquierda: el Grupo Marxista de la Universidad Obrera (Lombardo Toledano, Ramírez y Ramírez, Rodolfo Dorantes), el PCM (Dionisio Encina, Blas Manrique, Sánchez Cárdenas), el grupo marxista El Insurgente (Leopoldo Méndez, Revueltas, Luis Torres, José Alvarado), la Acción Socialista Unificada (Campa, Laborde, Velasco), así como diversas personalidades tales como Narciso Bassols, Víctor Manuel Villaseñor, José Iturriaga. El 21, Revueltas leyó su conferencia que apareció reseñada el día siguiente en *El Popular*; el primero de febrero, este mismo periódico inició la publicación

de la memoria íntegra de las conferencias de la Mesa Redonda; la intervención de Revueltas apareció en el n. 3157, 22 de febrero, y en el n. 3162, 27 de febrero de 1947; fragmentos fueron republicados en *La Cultura en México* del 22 de julio de 1970, así como en *Xilote*, julio-octubre de 1972. De aquella Mesa Redonda iba a surgir el Partido Popular (oficialmente fundado en junio de 1948), dirigido por Lombardo Toledano y al que Revueltas y su grupo ingresaron inmediatamente.

6. Revueltas se refiere aquí a la escisión que se produjo entre el PCM y los lombardistas durante el IV Consejo Nacional de la CTM en abril de 1937; poco después, a finales de junio, un pleno del comité central del partido, con la presencia de Earl Browder, rectificó este error y decidió la consigna de "Unidad a toda costa".

7. Este ensayo es el texto de una conferencia dictada por su autor en la Universidad Obrera, en junio de 1947. Fue transcrito del original manuscrito.

8. El "Memorándum", transcrito del original mecanografiado, es un esquema que Revueltas mandó a Lombardo acompañado de la siguiente carta:

C. Vicente Lombardo Toledano
CTAL, México, D. F.

México, D. F., 17 de febrero de 1949

Estimado camarada:

Adjunto a usted un memorándum en el cual, de manera esquemática, expongo algunos aspectos de la situación del país y las tareas que, consecuentemente, me parece que se derivan de ahí para los marxistas. Antes que una exposición sistemática y profunda, el memorándum se presenta como un índice de problemas a estudiar y discutir.

Mi propósito es suscitar la cuestión entre nosotros primero, para que después se proyecte en un terreno más vasto. Creo firmemente —y a cada día con mayor angustia— que el futuro del mundo y de nuestro país nos reserva tareas excepcionalmente graves. La peor desgracia sería que los acontecimientos nos sorprendieran sin estar preparados. A título de tal inquietud someto a usted este documento y me permito pedirle lo discutamos con la aportación de sus puntos de vista y en su compañía, todos los que en usted vemos al querido y respetado jefe del marxismo en México.

Le estrecha las manos fraternalmente,

José Revueltas.

9. Más tarde, en su "Declaración política de reingreso al PCM" (véase el tomo 12 de las Obras Completas) escrita en 1956, Revueltas volverá sobre este documento. Entre otras cosas, escribía:

En una carta, que no fue digna de la menor respuesta o comentario, que entregué o hice llegar a Lombardo Toledano —carta que, debo reconocer, abundaba en apreciaciones confusas respecto a otros aspectos— ya apuntaba yo entonces cuál iba a ser, o estaba siendo, dentro del Partido Popular nuestro destino como marxistas, o personas que creíamos ser sinceramente marxistas.

Por otra parte, declaró Revueltas al respecto en una entrevista que le hiciera Elena Poniatowska ("Vivir dignamente en la zozobra", *La Cultura en México,* n. 685, 26 de marzo de 1975, pp. VI-VIII —recopilada en *Conversaciones con José Revueltas*, ed. Universidad Veracruzana, 1977, p. 18):

Al principio [Lombardo] significó una gran cosa para todos nosotros porque creíamos que él podía ser el gran jefe marxista mexicano, pero él no lo entendió y se dejó llevar por el oportunismo de la política mexicana y ya no hizo caso de consideración. Yo protestaba por una cantidad de desacatos, imperfecciones y deformaciones de la línea marxista. Hay una carta, que tiene cierto valor histórico, que le mandé a Lombardo respecto al papel del Partido Popular, diciendo que estaba muy bien la creación del Partido Popular a condición de que fuera el enlace de la pequeña burguesía con el proletariado; un partido pequeñoburgués nos convenía mucho para ligarlo a una vanguardia proletaria. Lombardo ni siquiera contestó la carta y ahí la tengo, por fortuna; la voy a publicar algún día.

Y más adelante decía Revueltas:

[. . .] gradualmente Lombardo se fue apartando de su plataforma marxista para caer en una serie de enajenaciones que le daba el contexto de la política a la mexicana. Él tenía que manejarse entre una cantidad de políticos mexicanos listos, maniobreros, astutos, y enajenó el movimiento obrero a ese estilo, de tal suerte que ya no decía la verdad, no analizaba las cuestiones de frente, sino "a la mexicana".

En junio de 1949, Revueltas se presentó como candidato del Partido Popular a diputado federal por el noveno distrito electoral del D. F., pero no fue electo. En febrero de 1955 renuncia al PP y solicita su reingreso al PCM. Al respecto interesa reproducir a continuación un fragmento del diario de Revueltas:

Febrero, 9. Conversación con Ramírez y Ramírez y Rodolfo Dorantes comunicándoles mi decisión de abandonar el Partido Popular y reingresar al PCM. Se muestran secos, sin escatimar una que otra ironía de las que son muy características en ellos.

Lo cierto es que Ramírez y Ramírez había logrado retrasar esta decisión mía sobre la base de informes que a la postre resultaron inexactos. Según dichos informes —hace algunos meses—, Lombardo habría hablado en Europa (durante una reunión de la Federación Sindical Mundial), privadamente, con algunos de los principales dirigentes internacionales. Éstos le habrían informado, de modo confidencial, datos políticos respecto a la perspectiva del mundo para los años 54 y 55, en que inevitablemente estallaría la tercera guerra. Sin embargo, la URSS no participaría desde un principio, sino que una gran primera fase de la guerra recaería sobre las espaldas de China Popular, en algo así como una gigantesca maniobra de desgaste del enemigo. Debíamos pugnar entonces, en todos los países, por una unidad completa de las fuerzas revolucionarias a fin de hacer frente con éxito a las complicadísimas tareas que sobrevendrían. Tal perspectiva no podía menos que influir sobre mí de un modo decisivo.

A la vista de una posibilidad tan alarmante como la de la tercera guerra mundial, resultaba absurdo para mí insistir en mi posición de renuncia al PP para reingresar al partido comunista. Pero, ¿qué era lo que me inducía a salir de las filas del Partido Popular?

Bien; las ideas de la corriente política representada por nosotros (Ramírez y Ramírez, Rodolfo Dorantes, Luis Torres, Angel Olivo, Carnero Checa y, en concreto, la célula de periodistas "José Carlos Mariátegui") desde que estábamos aún en el seno del Partido Comunista Mexicano, eran las de transformar a éste en un verdadero partido marxista-leninista, sensible a la realidad auténtica del país y que encarnara, del modo más sólido, en las raíces históricas nacionales. Cuando algunos años más tarde al de 1943, en que el grupo de Dionisio Encina nos expulsó colectivamente del partido, se planteó el problema de crear el Partido Popular, yo, sin creer en que esto pudiera representar la realización de nuestras ideas respecto a contar en México con un partido marxista real, apoyé con todas mis fuerzas, lo mismo que los demás compañeros, la organización del PP. El Partido Popular debía ser otra cosa y en realidad era otra cosa distinta a un partido leninista. Mi criterio era el siguiente. El PP iba a nacer —y eso estaba muy bien— como el partido de las grandes masas pequeñoburguesas, cuyo papel es tan importante —y en México decisivo— dentro de la táctica y estrategia generales del proletariado. Los marxistas tendríamos entonces la misión, dentro del PP, de funcionar como una *fracción organizada* que representaría los intereses de la clase obrera, sentando las bases para que, en un futuro no muy distante, se pudiese crear un auténtico partido marxista-leninista (mediante la unidad de la fracción marxista con otros grupos, incluso los militantes más conscientes del PCM), que tendría su aliado más firme en el partido de la pequeña burguesía urbana y de las masas campesinas en que necesariamente devendría el Partido Popular, concebido al modo en que yo lo prefiguraba.

Las cosas no marcharon por ese camino sino por el de la confusión ideológica (la conversión del PP en una caricatura de partido "socialista") y la pérdida, por el Partido Popular, ya organizado, de su perspectiva histórica real como partido pequeñoburgués. Esto fue lo que me decidió a reingresar al Partido Comunista Mexicano para desde su interior proseguir la lucha por la existencia en México de un verdadero partido de la clase obrera.

"No te tolerarán mucho tiempo ahí dentro —comentó Dorantes cuando les comuniqué a él y a Ramírez mi decisión—; muy pronto estarás de regreso de ese viaje. . ."

Febrero, 10. Recibo en mi departamento de la calle de Balsas un telegrama de Enrique Ramírez y Ramírez. Lacónicamente me comunica que mañana la dirección nacional del PP hará declaraciones sobre mi abandono del partido.

Febrero, 11. Conforme al anuncio de Ramírez, la dirección

nacional del PP anuncia que fui "separado" del Partido Popular, en lugar de decir que voluntariamente yo me retiré de sus filas. Me veo en la necesidad de esclarecer en la prensa esta pequeña mezquindad política de mis antiguos compañeros, incluso Vicente Lombardo.

Febrero, 12. Tremenda incógnita. ¿Me quedaré solo? ¿Me aceptará el partido comunista?

El 11 de febrero, Revueltas había mandado las siguientes "declaraciones a la prensa":

El Partido Popular informó ayer, en un boletín de prensa, que he dejado de pertenecer a sus filas. En efecto, después de una madura reflexión decidí dar el paso, para mí trascendental, de abandonar el partido donde luché en los últimos años, desde su fundación, como miembro militante. Mi decisión no se inspira en el hecho de que yo haya dejado de considerar al Partido Popular como un partido progresista y revolucionario. Las causas se refieren al convencimiento profundo que tengo de que es en el Partido Comunista Mexicano, como el partido único de la clase obrera, donde está mi puesto y el puesto de todos aquellos marxistas que tengan el empeño sincero de conducirse como tales y ceñirse a la lógica irrebatible de los hechos.

En la actualidad gestiono mi reingreso al Partido Comunista Mexicano. Estoy en espera de la resolución que adopten al respecto los organismos correspondientes.

Revueltas es readmitido en el seno del PCM en 1956, el mismo año en que se lleva a cabo el XX Congreso del PCUS; participa activamente en la lucha interna que se desarrolla entre 1957 y 1960, fecha en que sale del PCM e ingresa al POCM (Partido Obrero-Campesino Mexicano). Al ser expulsado del PCM en 1940, Laborde y Campa habían formado la ASU (Acción Socialista Unificada). A finales de 1947 una nueva crisis sacude al PCM y en 1948 un pleno extraordinario del comité central resuelve la expulsión de Sánchez Cárdenas, Alberto Lumbreras y otros, quienes se reagrupan en el Movimiento Reivindicador del PCM; más adelante, en 1950, fundan con la ASU el POCM. A principios de 1960, Campa y su grupo (Laborde había fallecido en 1955) abandonan el POCM para reingresar al PCM; en mayo, Revueltas y sus camaradas ingresan al POCM, del que salen en septiembre para fundar la Liga Leninista Espartaco; en la primavera de 1962, Sánchez Cárdenas y otros pasan al PP, transformado en PPS (Partido Popular Socialista), liquidando así al POCM.

10. Bajo el título de "Respuesta a Lombardo", que es nuestro, se reagrupan tres artículos escritos para refutar un trabajo de Lombardo, "La izquierda en la historia de México", aparecido en la revista *Siempre!*, n. 478, 22 de agosto de 1962, pp. 20-25. Estos artículos de Revueltas se reproducen aquí en base al original mecanografiado, cotejado con el manuscrito; no tiene fecha pero data muy probablemente del mismo año 1962. No se encontraron rastros de su publicación en periódico o revista alguna (a pesar de que el original esté mecanografiado sobre papel membretado de *El Día*).

11. Así se termina la copia original mecanografiada. La parte final del manuscrito es diferente; dice así, a partir del penúltimo párrafo:

Hemos dicho que en el siglo XVIII la integración nacional de México estaba muy lejos de consumarse y que tal integración apenas inicia en firme su proceso en el siglo XX y precisamente con la revolución mexicana democrático-burguesa de 1910.

Lombardo, como los demás falsos marxistas democrático-burgueses de la llamada izquierda mexicana, confunde deliberadamente los términos y las relaciones históricas de México a fin de oscurecer el problema básico y esencial de las relaciones de clase en el México contemporáneo: la falta de independencia de la clase obrera, mediatizada por la democracia burguesa y, consecuentemente, la ausencia histórica de un auténtico partido del proletariado en nuestro país

Tales términos y relaciones históricas se desprenden de tres fenómenos fundamentales que Lombardo, a lo largo de todo su trabajo, maneja en forma amañada y con claras intenciones de confusión ideológica. Dichos fenómenos o procesos son los siguientes:

a] el proceso de integración nacional del país;

b] el desarrollo de las fuerzas productivas; y

c] el fenómeno de la ideología, de su contenido de clase y de las relaciones entre éstas.

Una de las singularidades de México ha sido, precisamente, que estos tres procesos se han desenvuelto siempre, unos respecto a los otros, de un modo *asincrónico*, sin coincidir entre sí en el tiempo aunque se influyan recíprocamente de diversas maneras y en diversas medidas.

Hasta aquí el manuscrito de la tercera parte. Existe además el borrador sin concluir de una cuarta parte; se titula "A la búsqueda del oportunismo histórico". Lo transcribimos a continuación:

Según el esquema de Lombardo, la izquierda ha representado a través de la historia de México, desde el siglo XVI hasta nuestros días, todo lo que significa desarrollo, madurez e integración nacional, desenvolvimiento de las ideas más avanzadas, progreso y democracia. Ningún integrante de la actual "izquierda mexicana", a no dudarlo, tratará de reprochar a Lombardo tan halagüeño esquema, y nadie de entre ellos, en efecto, ha tenido siquiera la más remota tentación de discrepar: complacencia cómplice que coloca al resguardo de incómodas dispepsias políticas la buena digestión de su oportunismo, en aras de la lucha contra el "enemigo principal". Conforme a Lombardo, pues, la izquierda ha reunido a lo largo de nuestra historia las características que se pueden resumir en el siguiente cuadro: a] representar las ideas más avanzadas de su época; b] ser el núcleo constitutivo de la nación mexicana, el factor que ha creado la nacionalidad; y c] expresar las aspiraciones de las nuevas clases sociales que luchan por el desarrollo de las fuerzas productivas y por el desplazamiento de las clases en decadencia que detentan el poder.

Empero, la realidad histórica objetiva de nuestro país no encuadra dentro del esquema de Lombardo Toledano. ¿Quiere decir esto que la izquierda no ha sido siempre revolucionaria en todos los casos? No; quiere decir que algunas de las características arriba señaladas como correspondientes a la izquierda han sido a su vez atributos de la derecha, pero también quiere decir algo más: que para salir airoso con su preconcebido esquema, Lombardo se ha visto en la necesidad de recurrir al empleo de una especie de promiscuidad de los procesos históricos, ideológicos, sociales y económicos, con lo que amaña su cuadro y lo da por resuelto al servicio de sus fines de análisis político contemporáneo. ¿Cómo se explica Lombardo, por ejemplo, que don Lucas Alamán, conservador y ultraderechista, partidario de la monarquía y gestor de su implantación en México, haya sido, al mismo tiempo, quien funda el Banco de Avío, en 1830, para introducir e impulsar la industria en el país? ¿Cómo se explica que uno de los representantes del sector más radical del liberalismo, don Lorenzo de Zavala, termine como secesionista del territorio patrio y presidente de la República de Texas?

En la historia de México hay muchas más circunstancias, análogas a las que implican las preguntas precedentes y singularmente paradójicas, a través del siglo XIX y de lo que llevamos recorrido del XX. Hidalgo, caudillo de una profunda revolución "plebeya", que cala hasta lo más hondo dentro de las masas populares, y uno de los primeros precursores conscientes de la necesidad del desarrollo de nuevas fuerzas productivas en lo que llamaban entonces los insurgentes América Septentrional (México), no cuestiona siquiera el hecho de que, triunfante la revolución que acaudilla, el país continúe como súbdito de Fernando VII, además un monarca reaccionario, pusilánime y por último imbécil. El hombre que consuma la Independencia, que instituye así sea sólo *jurídicamente* al país como nación, Agustín de Iturbide, reafirma las bases feudales de la sociedad mexicana y se interpone como un muro en la vía del desarrollo de las nuevas fuerzas productivas. Por cuanto al juarismo, el movimiento más avanzado y revolucionario desde los comienzos de la segunda mitad del siglo XIX, llamado a realizar una profunda transformación de las relaciones feudales de propiedad en el campo y a crear las bases del desarrollo de las relaciones capitalistas de producción en el conjunto de la sociedad mexicana, no hace sino trasladar la tenencia de la tierra de manos de un latifundismo clerical a un latifundismo laico, sin olvidarse, al paso, del despojo de sus tierras a las comunidades indígenas. Liberales y conservadores —izquierda y derecha— no discrepan entre sí por cuanto a combatir con idéntica saña de "civilizados" las justas rebeliones de las masas indígenas yaquis, huicholes, nayaritas y mayas, en Sonora, Jalisco, Yucatán. Y finalmente —para analizar por separado las formas en que este fenómeno se produce a partir de la revolución de 1910—, el propio don Porfirio —cuya dictadura encarna la representación política de la sociedad neofeudal mexicana del liberalismo, resultante histórica de la frustración de la Reforma como movimiento democrático-burgués— se ve compelido a realizar una política de resistencia al imperialismo norteamericano, mediante el aprovechamiento de las rivalidades de éste con el imperialismo inglés.

Así se termina el manuscrito del cuarto artículo. Una nota, encontrada junto a este borrador, dice: "Contradicciones entre los procesos. La ideología más avanzada no representa la política ,más avanzada".

12. Transcrito del original mecanografiado, cotejado con el manuscrito. Lombardo Toledano murió el mismo día —el 16 de noviembre de 1968— en que Revueltas fue arrestado a consecuencia de su participación en el movimiento estudiantil (véase al respecto *México 68: juventud y revolución*, Obras Completas 15). Este ensayo fue mimeografiado; aparecieron fragmentos en la revista *Xilote*, n. 32, julio-octubre de 1972; también fue traducido al inglés y publicado en folleto en 1969 por Intercontinental Press (Estados Unidos). Constituye una respuesta a la última conferencia que dio Lombardo el primero de octubre de 1968, dictada a los cuadros del PPS, y que apareció en *El Día* en dos entregas: "La juventud en el mundo y en México", 21 de noviembre, y "¿Ha envejecido el marxismo?", 22 de noviembre de 1968.

La Impresora Azteca, S. de R. L.
Av. Poniente 140 No. 681-1
02300 México, D. F.
5-VIII-1988
Edición de 2 000 ejemplares